NHK

100分 de 名著 books

純粋理性批判

Kritik der reinen Vernunft

Immanuel Kant

カント

Nishi Ken

西 研

NHK出版

はじめに――哲学の歴史を書き換えた一冊

本書では、十八世紀に活躍したドイツの哲学者、イマヌエル・カント（一七二四〜一八〇四）の『純粋理性批判』を読み解いていきます。「近代哲学の最高峰」とも称されるこの本は、哲学史上もっとも難解な著作のひとつです。しかも、かなりの大部です。平凡社ライブラリー版では全三巻、各巻を薄くして詳しい解説をつけた光文社古典新訳文庫版では全七巻のボリュームがあります。

そんな難著をあえて取り上げることにしたのは、古今数多《あまた》の哲学書のなかでも五指に入る重要な著作だからです。この本でカントは、人間の持つ「理性」の限界を明らかにし、近代哲学が直面していた難問に体系的な答えを示しました。これは、哲学の根本を揺るがすほどの、決定的なインパクトを与えるものだったのです。

哲学の起源は古代ギリシアにまで遡《さかのぼ》ります。哲学が長い間メインテーマとして探究してきたのは、「究極の真理」です。世界の根源にあるものは何か、世界の始まりはあるのか、世界に果てはあるのか、魂は不死なのか、神は存在するのか——これらの問いに哲学者たちはさまざまに答えてきました。

たとえば、「世界には始まりがあって、そこから現在まで時の流れが続いてきたのだ」という説もあれば、「そもそも世界の始まりなどはない。過去に遡れば果てしなく時は広がっている」という説もあります。死後に魂は存続するのか、神はほんとうに存在しているのか、についても対立する答えが出されてきました。

しかしカントは、宇宙の果てや神の存在などの究極真理への問いは、どんなに考えても答えは出ないといいます。そして、これらの問いについて答えが出せない理由を、『純粋理性批判』で徹底的に論じました。この主張がいかに衝撃的だったかは、カント以後、神の存在証明を試みる哲学者がほとんどいなくなったことからも明らかです。

ただしカントは、旧来の哲学の営みを一刀両断にしただけではありません。それと同時に、人間の理性で答えを出しうる領域があることも明らかにしました。「そもそも人間は何を、どのように認識しているのか。そのとき理性はどのように働くのか」をカントは解明しようとします。こういう問い方を「認識論」といいますが、カントは人間の認識の基本構造を明確にすることによって、きちんとした根拠によって共有しうる知の範囲はどこまでで、そこを逸脱すれば共有できる答えは出ない、ということを示そうとしました。

こうしてカントは旧来の哲学を破壊しただけではなく、まったく新しい発想──「合理的な答えの出る領域と、そういう答えがもともと出ない領域とがある」──によって、哲学を真に有効な知として再生しようとしたのです。

ところで、こんなふうに思う読者もいるかもしれません。「そもそも、共有できるということは重要なんだろうか。哲学というものは、答えの出ない問いにいろんな人がその人なりの答えを出してみせる、そんなものだと思っていたけれど」と。

私は、人それぞれの答えでよい領域と、「だれもがこう考えるしかない」という意味で共有できる領域とがあると考えています。

たとえば、「私はどうやって生きるべきか、どんな人生でありたいか」という生き方の問いはどうでしょうか。これについては、最終的に「人それぞれ」で決めていくしかありません。答えがひとつに決められたら、自由がなくなってしまいますから。

しかし、生きることについて共有しうる知はまったく成り立たないのか、といえば、そうではないかもしれない。たとえば、善悪の基準は人によってある程度違いがありますが、「善悪という価値観をもつ」ということじたいは、ほとんどの人に共通しています。すると「なぜ人は善悪という価値観をもつのか」という問いに対しては共有できる答えがありそうです。また、科学はどうでしょうか。科学の知識を私たちは信頼していますが、それは単なる信念ではなく、「これこれの根拠があるから信じてよい＝共有してよい」と思っているはずです。

こうやって考えてみると、合理的な根拠をもって共有できる知識と、そうでないものとを区分できそうです。そうすると、「どのような知識であれば合理性をもって共有しうるのか。いかなる仕組みで共有が可能になるのか」という問いが出てきます。まさしくこれこそが、『純粋理性批判』の中心課題なのです。

カントがこの難題に取り組んだ背景には、近代に入って飛躍的に発展した自然科学の影響があります。詳しくは本編でお話ししますが、カントは自然科学の信頼性の根拠を解明することによって、科学的で客観的な知識の土台を固めようとしました。

しかしその一方で、カントはこう考えました。科学だけでは人間が生きていくには足りない。人は「よく生きること」を求めているのだから「よく生きるとはどういうことか」という問いに答えなくてはならない、と。

こうして、『純粋理性批判』の課題は、①科学が合理的な根拠をもって共有できる根拠は何か、②なぜ人間の理性は究極真理を求めて底なし沼にはまってしまうのか、さらに③よく生きるとはどういうことか（道徳の根拠）、の三つを明らかにするということになります。

これらの課題は、いまも決して古びていません。ＡＩ（人工知能）や脳科学の研究が加速度的に進み、ビッグデータを背景とした新たな科学至上主義が勃興《ぼっこう》するなかで、人間の存在意義はいったいどこにあるのか、これからどう生きていけばいいのか、不安や生きづらさを感じている人は少なくないのではないでしょうか。

科学の信頼性の根拠を明らかにするとともに、「よく生きること」を問おうとしたカントの問題意識は、いまもう一度受けとめられるべきだと考えます。もっとも彼の答え（理論）のすべてが決定的な正解とは言えません。この点については、カントを紹介しながら、私なりのコメントも差し挟んでいきたいと思います。

カントの『純粋理性批判』は、哲学の問い方を変え、哲学の歴史を変えた本です。しかし冒頭で述べたとおり、おそろしいほどの大部で、非情なまでに読みにくい。ページをめくると「悟性」「現象界」「ア・プリオリ」「超越論的」「アンチノミー」等々、難解な用語が次々と飛び出してきて、心が折れそうになるかもしれません。

ですが、安心してください。『純粋理性批判』に限った話ではありませんが、哲学書を読むときは、それが何のために書かれたのか、つまり著者の問題意識を理解することが大切です。とくに『純粋理性批判』のような大部の本は、一つひとつの言葉の意味や細かい議論に入り込むと、かえってわからなくなります。問題意識は何か、著者がそれにどう答えようとしているかという「大きな道筋」に着目し、わからないところは読み飛ばすくらいのつもりで取り組むことをおすすめします。

本書でも、カントの問題意識と答えのエッセンスを、ポイントを絞って解説していきます。第1章は、カントが直面した近代哲学の二大難問について解説し、それに答えるべく彼が展開した認識論を概観します。その認識論を前提として、カントが自然科学をどのように基礎づけたのかを第2章で、究極真理を求める問いをどう始末したのかを第3章で解説します。最後の第4章では、科学が答えてくれない生き方の問題に対して、カントがどのように答えたかを見ていくことにしましょう。

ときにはイラストを用いて、わかりやすく説明するように心がけました。また、巻末には「カント哲学を読むためのキーワード集」を付しました。もしカントの深い森に迷い込んだら、そちらも参考にしてください。

先行き不透明な時代に何を信じ、どう生きていけばいいのか。ＡＩやビッグデータ全盛の時代に、「考える」ことにどんな意味があるのか。カントの徹底した思索を通じて、皆さんと一緒に探求していきたいと思います。

『純粋理性批判』の全体像

人間はどのように事物を認識するのか――。歴代の哲学者が向き合ってきたこの問いに、カントは『純粋理性批判』で回答しました。カントは、対象の真の姿である**「物自体」**は認識できないと考え、人間が認識しているのは、それぞれの主観（心）に映った像であると主張。認識の仕組みを以下のように整理しました。

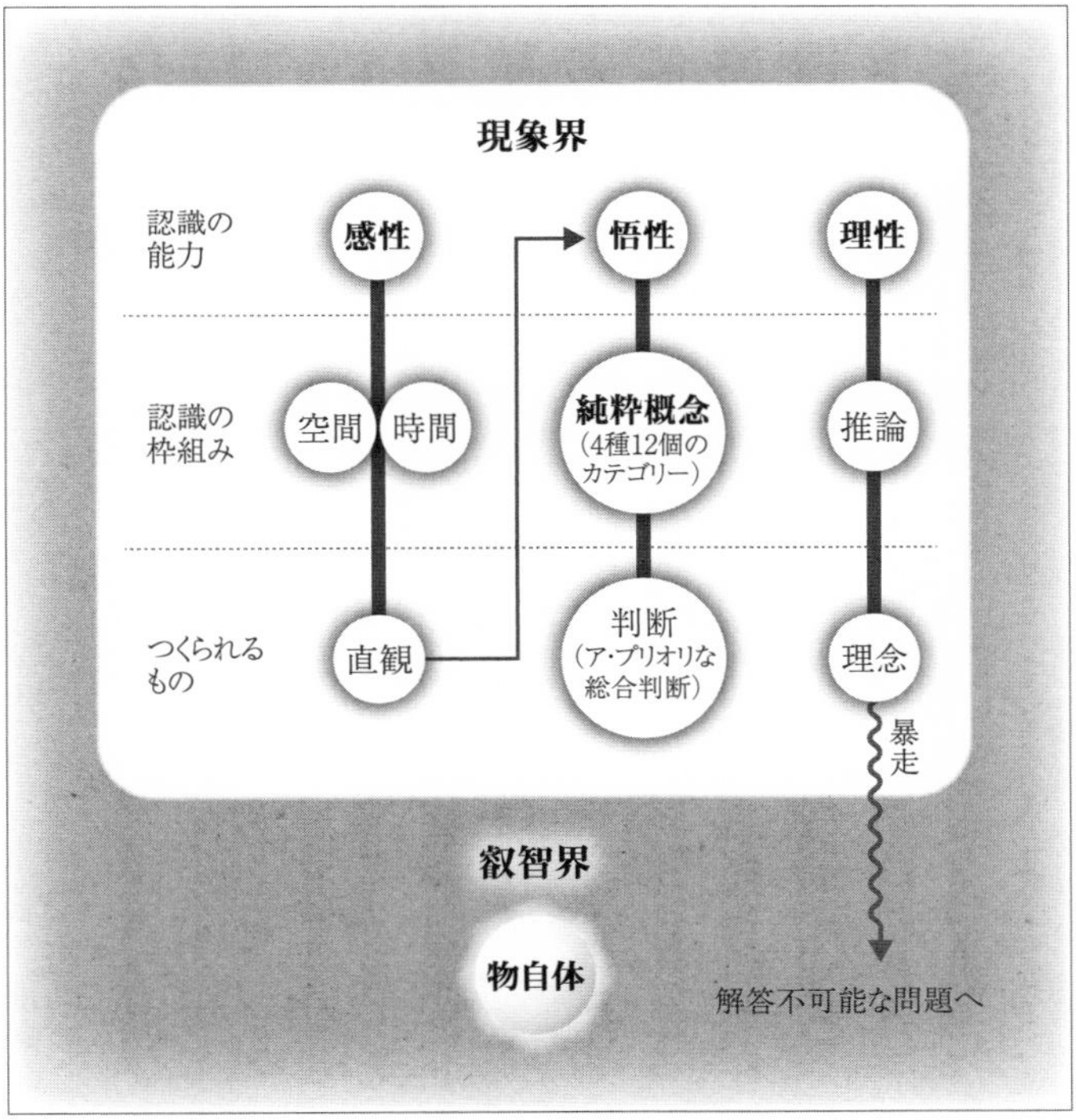

こうした認識論にもとづき、カントは二つの課題に取り組みます。

- 自然科学の知は、なぜ客観的に共有することができるのか……【第2章】
- 不死なる魂や神の存在はなぜ証明できないのか……【第3章】

しかしながらカントは、よく生きるためには神のような存在が要請されると考え、自由や道徳をめぐる議論を展開します……【第4章】

本書では、この流れに則して『純粋理性批判』を読み解いていきます。

＊**太字**は巻末の「カント哲学を読むためのキーワード集」にある語です。

目次

ブックス特別章

※本書における『純粋理性批判』の引用は中山元訳（光文社古典新訳文庫）に拠りますが、引用者が一部改変・補足しました。また、読みやすさを考慮して、ふりがなや句読点を補った箇所があります。

第1章——近代哲学の二大難問

十年の沈黙を破って出版された大著

数ある哲学書のなかでも最高難度といわれる『純粋理性批判』。いったいどんな人が書いたのか、まずは著者イマヌエル・カントのプロフィールを紹介しておきましょう。

カントは、一七二四年にプロイセン[*1]のケーニヒスベルク[*2]（現・ロシア領カリーニングラード）に生まれました。父親は馬具職人。経済的に余裕のある家庭ではありませんでしたが、少年カントの聡明さを知る周囲の後押しもあって、学問の道に進みます。

十六歳でケーニヒスベルク大学に入学。当初は神学を志していましたが、大学で「自然学」と出会い、アイザック・ニュートン[*3]に傾倒していきます。自然学とは、哲学から枝分かれした学問で、いまでいう自然科学にあたります。カントは、ゴットフリート・ライプニッツ[*4]のような哲学者の著作のほかに、物理学や天文学、地理学、数学など幅広い書物にふれ、知識を獲得していきました。

二十二歳で卒業したときには両親はすでに亡く、経済面では苦労しました。家庭教師をしながら生計を立て、苦学の末にようやく哲学修士の学位を取得したのが三十一歳のとき。その後、大学講師[*5]や王立図書館司書などを経て、四十六歳で母校ケーニヒスベルク大学の哲学教授に就任しました。

講師時代からカントの授業は面白いと評判で、講義録も出版されていたようです。当時の聴講者の一人で、のちに哲学者として活躍するヨハン・ゴットフリート・ヘルダー[*6]が師の人となりを伝える文章を残しているので、以下に引用しておきましょう。後年、ヘルダーはカント哲学を批判する立場をとるのですが、ここではカントがいかに魅力的で尊敬すべき人物であったかが、生き生きと記されています。

私は幸運にもひとりの哲学者を識《し》った。それは私の先生であった。彼はその最も元気な時代には、若者のように陽気できびきびしたところをもっており、しかも私の考えでは最晩年までそういうところを残していたと思う。ものを考えるための広い額は、何事にもめげない快活さと喜びとの宿る場所でもあり、ゆたかな思想をふくむ言葉が彼の口から流れ出、冗談や洒落などを思いのままに言うことができ、人を教える講義が人を楽しませる会話と同じだった。（中略）人類史、民族史、自然史、自然学、経験から、多くの例を引いて、講義や談話に生気を与えた。知るに値するものなら何にでも興味をもった。真理を拡大し闡明《せんめい》することに比して、人間間の悪だくみとか徒党とか偏見とか名声欲などは少しも彼の心を惹かなかった。彼はわれわれをはげまし、みずから考えるよう快く強いた。圧制は彼の心には無縁だった。

この人の名を私は最大の感謝と敬意とをもっていうが、それはイマヌエル・カントである。
（野田又夫「カントの生涯と思想」『世界の名著32　カント』中央公論社）

カントの著作を読むと、さぞ気難しい人物だったのではと想像してしまうのですが、実際は気さくで魅力的な人物だったようです。彼が暮らしたケーニヒスベルクは、世界各地から人や物が集まる港湾都市でした。カントは、世界情勢を知る商人たちとも親しく交わり、食事を共にしたりして楽しみました。

小柄で痩身《そうしん》のカントは、それほど丈夫な体ではありませんでした。そのためでしょうか、とても規則正しい生活[*7]を送っていました。起床時間はもちろん、食事の時間やメニュー、日課にしていた散歩のコースまで毎日同じだったという話は有名で、近所の人たちは彼を「ケーニヒスベルクの時計」と呼んでいました。

講師の職を得て以降のカントは精力的に論文を執筆し、毎年のように発表しています。ところが教授職に就いた途端、その筆がぴたりと止まる。多忙だったこともあると思いますが、実に十一年ものあいだ、ただの一作も発表していません。

この長い沈黙を破って発表されたのが、皆さんと一緒に読み解く『純粋理性批判』です。初版の刊行は一七八一年。カントはこれに大幅な加筆修正を加え、八七年に第二版を上梓《じょうし》しています。

冗談や洒落《しゃれ》を好み、講義も面白いと人気だったカントですが、『純粋理性批判』は緻《ち》密《みつ》にして難解。[*8] 出版当初の反響は芳《かんば》しくなかったようですが、[*9] 哲学の長い歴史において間違いなく五指に入る第一級の名著だと思います。その後たて続けに発表された『実践理性批判』『判断力批判』[*10] とともに「三批判書」と呼ばれ、のちの哲学者たちに大きな影響を与えました。

カントが生きた近代ヨーロッパ

難解なカント哲学を理解するためには、執筆当時の時代背景を押さえておく必要があります。『純粋理性批判』を書くに至ったカントの問題意識は、いったいどこから生まれたのでしょうか。まずはそこに注目しましょう。

二千年を超える哲学の歴史を俯瞰《ふかん》すると、大きく二つのピークがあることがわかります。ひとつはソクラテス[*11]とプラトン、[*12] アリストテレス[*13]らの古代ギリシア、もうひとつはカントが生きた近代ヨーロッパです。

二つのピークに共通しているのは、商業が大きく発展した時代だということです。商業が発展すると、交易の舞台となる都市には、言葉も文化も考え方も異なる多くの人が集まってきます。多様な価値観と出会うなかで、人々は「自分たちの当たり前」が「世界の当たり前」ではないことに気がつく。こうした異文化接触が、哲学の起点となる問いや活発な議論を生んできました。

さらに近代のヨーロッパでは、十六世紀に宗教改革[*14]が起きて以降、カトリックとプロテスタントの対立が続いていました。さまざまな価値観が衝突するなかで、いったい何を信じればよいのか。文化や考え方が異なる人々と、どうすれば平和的に共存できるのか。そんな問いが生じる時代でした。

哲学の本領は、こうした問いに根拠を出し合って議論する点にあります。一言でいえば、哲学とは「合理的な共通理解をつくるための対話の営み」なのです。互いに根拠を示し、ともに検討して、もっとも説得力のある主張が勝つゲームといってもいいでしょう。

自然科学も、そうした議論のなかから生まれてきました。根拠を示して仮説を検証していく自然科学は、自然の領域に応用された哲学といえます。たとえば、ニュートンは物理学の根本を築いた人ですが、彼の代表作は『自然哲学の数学的諸原理（プリンキピア）』というもので、やはり書名に「哲学」の語が見えます。私たちは、自然科学と哲学は対極に位置する学問のように考えてしまいますが、そもそも同じルーツをもっているのです。

近代ヨーロッパにおいて、自然科学が飛躍的な発展を遂げたことは、みなさんもご存じのとおりでしょう。十七世紀にドイツのヨハネス・ケプラー[*15]が天体の運行法則を発見し、イタリアではガリレオ・ガリレイ[*16]が地上における物体落下の法則性を数学を使って解明します。さらにイギリスのニュートンが天体と地上の両方で、しかも極めてシンプルな原理から物体運動の法則性を解き明かしています。ニュートン物理学[*17]は、その圧倒的な説明力によって自然科学を大きく前進させました。

近代哲学が直面した二大難問

自然科学の発展は、それまでの常識を次々と書き換えていきました。なんでも科学で説明がつく、どんな問題も科学が解決してくれる——。そんな期待がふくらむ一方で、厄介な二つの難題が浮上してきます。

第一に、人間の自由や道徳の根拠に関わる問題です。自然科学は、数学的で決定論的な知の体系です。これに従えば、私たちが生きている世界には、隅々まで因果の法則が張り巡らされていることになる。

たとえば、ある質量（重さ）をもった物体に一定の力を加えて空中に飛ばすと、それがどんな軌跡を描いてどこに着地するかを、物理学は正確に予測することができます。このように、科学の見方からするとあらゆる運動や変化はすべて数学的な法則によって決定されるように思えます。

そうだとすると、そんな世界の一部でもある人間の「心」も、自然法則から逃れられず、決定されているのかもしれません。人間が考えたり、「自由意志で決めた」と思っていることも、実はそう思い込んでいるだけで、すべてが自然現象と同じく決定論的に生じているのかもしれません。

しかし、人間に自由がないとすれば、生き方や人生についてあれこれ考えたり、悩んだりするのは無駄になりそうです。すべては「決まって」いるのですから……。こうして、私たちの心が物の世界と同じ法則性のなかにあるとしたら、人間に自由意志は存在しないことになります。

そこで、心の世界は物の世界から隔絶して存在すると考えるならば、心の自由を確保することができます。この立場は物心二元論（物と心はまったく別物で隔絶している）と呼ばれますが、「近代哲学の父」と称されるルネ・デカルト[*18]が代表的です。しかし、そう考えると、心の世界と物の世界とはまったく隔絶してしまうので、互いに影響を与える（相互作用する）こともできなくなる。すると、私たちの心はどうやって肉体（一種の「物」ですね）に働きかけて自分の手足を操作できるのか、というヘンな「謎」が生まれてしまうのです。

　このように、物と心の関係をどう考えたらよいのか、という難問が近代科学とともに起こってきました。これを「物心問題」といいます。この問題は、人の自由意志はあるのか、だけでなく、物によって心をつくりだせるか（ＡＩは人間の心に似たものになるか）、さらに、人の抱く道徳や美（価値）は物理の世界にはないが、それらの根拠をどう考えればよいか、などを含んでおり、現代に至るまで未解決の難問となっています。

主観と客観は一致できるか

　第二の問題は、認識の客観性をめぐる難問です。

科学は実証的な方法――仮説を立て、それを実験や統計データで検証するやり方――によって、客観的に世界を捉えることを目的としています。しかし、その実験結果を認識しているのは人間の「主観」です。私たちは、それぞれの主観を生きていて自分以外の人の主観を体験することはできません。客観的に世界を認識しているつもりでも、それは各人の主観が捉えた世界にすぎないのです。

　では、主観はどうやって客観的世界に一致する知を獲得できるのか。これを「主客一致の問題」といいます。すべての認識が主観にすぎないのならば、自然科学が解明してきた諸法則の客観性も疑わしくなってしまいます。近代には自然科学がめざましい発展を遂げていきますが、他方でこのような「謎」を哲学者たちは抱えこむことになりました。

デカルトは、この問題を明確に意識し、それに答えを与えようとした哲学者の一人です。彼は、人間は自分の主観的な世界の外に出ることは原理的にできないという立場から、人間が真に認識しうるものは何かと突き詰め、ひとつの結論に至ります。それが、かの有名な「我思う、ゆえに我あり」です。

皆さんはいま、この本を読んでいます。これが確かな現実であることを疑う人はいないでしょう。けれど、もしかすると「本を読んでいる」という夢を見ているだけかもしれません。さらにいえば、これまで歩んできた人生も、脈絡のある長い夢を見ているだけかもしれません。「夢ではない」とは誰もいい切れない（証明できない）のです。

しかしそれでも、「夢だなんて、そんな馬鹿な！」と憤慨したり、「その可能性もあるかも……」と考えたりする自分だけは確かに存在しているはずです。こうして、この「我思う、ゆえに我あり」は、どんなに疑おうとしても絶対に疑えない真理であるとデカルトは考えました。私もこれには賛成です。

しかし科学者でもあった彼は、さらに、科学の知の客観性を担保しなければなりませんでした。私たちが見ているものは、夢ではなくしっかりした現実であって、私たちはそれをきちんと認識できる、ということでなくては困ります。

そこでデカルトが持ち出したのは、「神の存在」でした。人間は主観の外に出ることはできないけれど、善意ある神は、客観を認識する能力を人間に授《さず》けてくれており、人間が熟考して明らかなこと（主観）は客観とほぼ一致するというのです。いまとは時代が違うとはいえ、この議論はかなり苦しいですね。

ところで、この「主客一致の問題」をバカバカしいと感じる人もいるかもしれません。「だって現実はあるじゃないか、こんなバカな話なんて考える意味がない」と。しかしこれを、人間の知の客観性をどう理解したらよいか、と置き換えてみると、やはり有意義な問いであることがわかります。

科学にそれなりの客観性があり信頼性がある、ということを疑う人はいないでしょう。では、その客観性なり信頼性なりは、どこにその根拠をもっているのか。そもそも知の客観性というものをどう理解すればいいのか。また、道徳や美のような領域についても、それなりの客観的な（共有できる）知をつくりだすことはできるのか。しかし、この問題について、現代に至るまで哲学の世界で完全に共有されて「定説」となった答えはありません。

私自身は、カントの答えはかなりいい線をいっていて、さらにこれを受けついで発展させたエトムント・フッサール[19]の答えは決定的なものだと考えていますが、この点については第4章とブックス特別章でふれたいと思います。

カントを震撼させたヒュームの警告

デカルトによって提示された「物心問題」と「主客一致の問題」は、その後、二つの大きな哲学の流れのなかで解答が試みられていきます。一方がジョン・ロック[20]やデイヴィッド・ヒューム[21]らに代表されるイギリス経験論、もう一方がバールーフ・デ・スピノザ[22]やライプニッツらによる大陸合理論です。

ここでは、ごく簡単に二つの流れを説明しておきましょう。イギリス経験論は、人間のすべての認識は経験によって形成されると考えますから、人間はみずからの主観の外には出られない、と認めることになります。これに対して大陸合理論は、人間は経験によらずとも、知性によって理詰めで物事を突き詰めることで、合理的に客観的世界の秩序を認識できると考えるのです。

カントはドイツ人ですから、もともとはライプニッツなどの影響を強く受けた大陸合理論の流れのなかにあります。しかし、イギリス経験論のヒュームの思想に出会って大きなショックを受け、そこから『純粋理性批判』の構想を得ることになりました。そこで、しばしばカントは大陸合理論とイギリス経験論とを総合した哲学者だ、ともいわれます。では、そのヒュームから引用してみましょう。

われわれの注意を、できる限りわれわれの外に向けてみよう。われわれの想像力を、天空に、あるいは宇宙の果てに、駆り立ててみよう。それでもわれわれは、実際はわれわれ自身から一歩も出ていないのであり、この狭い範囲に現れたことのある知覚以外には、いかなる種類の存在者を考える（思いうかべる）こともできないのである。これが、想像力の宇宙であり、われわれは、そこに生じる観念のほかには、いかなる観念ももっていないのである。

（『人間本性論』木曾好能訳、法政大学出版局）

ヒュームはカントより十三歳年上で、イギリス経験論の急先鋒といってよい人です。日本では過小評価されているように感じますが、彼の主著『人間本性論』*23は哲学史に大きなインパクトを残した一冊です（もっとも、カントが読んだのはこの主著そのものポはなく、それを簡略にした『人間知性研究』であったようです）。

ヒュームは、人間は決して主観の外には出られないと断言します。ここまではデカルトと同じです。しかし、デカルトが「神によって授けられた知力」によって人間は主観と客観を一致させうるとしたのに対し、ヒュームは、人間が客観的真理だと思っていることは「習慣的にそう信じているだけ」だと一蹴します。

ヒュームの主張は、ある意味で極端です。私たちが「客観的」とする科学的な知見すらも、経験から生まれた習慣的信念であり、悪くいえば「そう思い込んでいる」だけだというのですから。もっとも、ヒュームはニュートンを高く評価しており、科学の有用性も認めています。ですが、科学は人間が頭のなかでこしらえたものであって、客観的な世界をそのまま捉えたものではないといいます。

ヒュームの主張で有名なものに「因果律《いんがりつ》」への批判があります。私たちは、ある事象（火事）が起きると、そこには何かしらの原因（放火や漏電《ろうでん》など）があると考えます。何らかの変化には必ずその原因がある、と私たちは当たり前のように信じていますが、これを因果律といいます。この因果律を前提としなければ、科学は成り立ちません。原因と結果、さらには法則を捉えるのが科学の仕事だからです。

しかしヒュームは、因果律は自然世界に備わったものではない、と主張します。たとえば、炎に手を近づけると熱い。そのとき、炎が熱さの原因だと私たちは捉えますが、ヒュームによれば、これは炎と熱とが「くり返し近接して経験される」だけである。それなのに私たちは、両者の間には必然的なつながり（因果関係）があると信じ込むのだ、と。こうして因果律は事物や自然世界そのものに備わっているのではなく、あくまでも人間の習慣的信念にすぎない、ということになります。

因果律に限った話ではありません。ヒュームは、事物の存在や自我すらも習慣的信念によって認識されていると述べています。私たちは、寝ている間に現実世界を知覚することはできませんが、寝ている間にも、ベッドや部屋や家があり続けていることを疑いません。ところがヒュームにいわせれば、意識しようとしまいと事物が存在し続けると考えたり、昨日の自分と今日の自分が「同一の自分」であると考えるのは、一種の習慣的信念にすぎません。

これはかなりショッキングな指摘でした。カントはその衝撃について、『プロレゴーメナ』――『純粋理性批判』を書いた後にその主張を簡潔にまとめたもので、カント自身による「純粋理性批判入門」としておすすめです――の序言で、次のように語っています。

私は正直に認めるが、デイヴィド・ヒュームの警告がまさしく、数年前にはじめて私の独断的まどろみを破り、思弁的哲学の分野における私の探究にまったく別の方向を与えたものであった。といっても、私はけっして彼の結論についてヒュームに耳を貸さなかった。（『プロレゴーメナ』土岐邦夫・観山雪陽訳、中公クラシックス）

カントは何を「批判」したのか

ヒュームによって、自然科学の客観性と信頼性は打ち砕かれました。それをあらためて立て直すことが『純粋理性批判』の中心課題のひとつです。カントは、科学の信頼性の根拠を解明することによって、科学のさらなる発展を支える土台を築きたいと考えました。

しかし、それだけなら『純粋理性批判』は決定的に重要な本にはならなかったでしょう。科学の知はたしかに重要ですが、人間の価値や生き方に関する問いには答えてくれません。「よく生きるには何が必要か」という問いに対してもきちんとした答えを提示することが、『純粋理性批判』のもうひとつの中心課題です。これら二つの課題を同時に解決する理論を構築しようとしたら、分厚く難解な本になるのも致し方ないことかもしれません。

それにしても、なんとも堅苦しい書名です。一見すると、何をテーマにした本なのかわかりませんが、このタイトルからもカントの狙いを読み取ることができます。初版（A版と呼ばれます）の序文から引用します。

わたしがここで考えている批判とは、書物や体系の批判ではなく、理性の能力全般についての批判である。いかなる経験ともかかわりなく、理性が獲得しようとしているすべての認識を、批判しようとするのである。この批判は、形而上学一般〔事物の存在、魂の存在、神の存在などを根本的に論じる学〕がそもそも可能なのか、それとも不可能なのか、形而上学の起源およびその範囲と境界はどのように規定されるかを、すべて原理に基づいて考察しようとする。〔〔〕内は引用者による補足。以下同じ〕

ここでいう「批判」は、必ずしも否定や非難のニュアンスを含んでいるわけではありません。理性の能力とその限界を厳しく吟味《ぎんみ》することを指す言葉です。この本でカントは、人間が備える「純粋理性」のできること・できないことを吟味して明確にしようとしたわけです。

詳しくは追って説明しますが、カントのいう「理性」とは、広義では、感覚を含む人間の認識能力一般を指します。狭義では、とくに物事を推理する能力を指します。

この狭義の理性は、さまざまな認識や判断をもとにその原因や前提条件を問うていきます。たとえば、引っ越しをしたときに、自分の家の東のほうに歩いていくとどんな風景が広がっているんだろう、住宅地が続くのかな、それとも畑が広がっているんだろうか、と推理する。この場合には、いくつかの情報に従ってそれなりに妥当な推理ができそうですし、実際に行って確かめることもできるでしょう。そのように理性を使っているかぎり、問題はない。

しかし理性には、どんどん推理を進めていく本性があります。地球の外はどうなっている？　太陽系の外は？　銀河系の外は？　と次々に問うていくと、ついには、宇宙空間には果て（限界）があるのか？　ということまで考えてしまう。理性は、科学が行っているように合理的な推理も行いますが、どんどん推理を積み重ねて「究極真理」を問うてしまう、そんな本性ももっているのです。

私たちは、「理性」という言葉に合理性や正確さをイメージしますが、カントは、人間の理性はしばしば暴走して「究極真理」を求め、答えの出ない問いにはまりこんでしまう、と考えます。この「暴走」の様子は第3章で詳しく見ていくことにしますが、ここでは『純粋理性批判』という書名には、理性を正しく使用するために理性の能力を吟味する、という狙いが込められていることだけ押さえておいてください。ちなみに「純粋理性」の「純粋」とは、経験から得た知識を含んでいない、という意味ですが、これについては第2章でふれます。

主観の共通規格は存在する

さて、認識の客観性についてはデカルト以来の「主客一致の問題」がありました。そしてヒュームは、あらためて主客一致が不可能であることを示し、科学は客観的知識ではないと主張したのでした。このヒュームの挑戦に対して、カントはどうやって「認識の客観性」を再建しようとしたのでしょうか。カントの基本戦略は次の二つです。

①主観が主観の外に出て客観世界そのもの（物自体）に一致することはできない、ということを積極的に認める。

②どの主観も一定の共通規格（共通のメガネ）をもっているので、自然認識の土台となること（因果律、質量保存の法則など）については共通認識＝客観的認識が成り立つ。

つまり、「客観世界への一致は不可能だが、世界について皆が共有しうる認識は成り立つ。なぜなら、どの主観も一定の共通規格をもっている（共通のメガネをかけている）からだ」というわけです。

まず、第一の論点から説明していきましょう。これはいわゆる「物自体は認識できない」というものです。『純粋理性批判』の第二版（B版といいます）の文章を読んでみましょう。

わたしたちのすべての直観は、現象についての表象〔心が思い描いたもの〕にほかならない。わたしたちが直観する事物は事物そのものではない。わたしたちが直観する事物間の関係は、わたしたちにはそのようなものとして現れるとしても、事物間の関係そのものではない。さらに、わたしたちの主観を除去してしまうか、感覚能力一般の主観的な特質そのものだけでも除去してしまうならば、事物のすべての特性は消滅してしまうだろうし、空間と時間のうちに存在する対象の相互的な関係も、さらには空間と時間そのものも消滅してしまうだろう。これらの特性や関係は現象であり、それ自体として存在するものではなく、わたしたちのうちに存在することができるだけのものだからである。

いかがでしょうか。この部分を読むだけでも、この本がいかに読みづらいかおわかりいただけると思います。

私なりに意訳すると、次のようになります。――私たちに「見えている」ものは、私たちの心に「思い描かれたもの」である。五感を伴った私たちの主観がなくなってしまえば、何も「ない」ことになる。主観がなければ、たとえば「花瓶のなかに一輪の花が挿してある」といった物同士の関係も、「三日前からずっと花を飾っている」という時の流れも「ない」。すべては私たちの主観（心）のなかにしか存在しない。

要するにカントは、人間は主観の外に出て客観世界そのものを捉えることはできないと述べているのです。この点は、デカルトやヒュームと同じ立場です。しかしカントはさらに進んで、私たちの認識をめぐって世界を二つに峻別《しゅんべつ》します。

カントは、私たちが認識できるのは、私たちの主観（心）に像を結んだものだけであるとします。この、私たちそれぞれの心に現れた世界（各人に見えている世界）を現象界と呼びました。「私にとっての世界」と言い換えてもいいでしょう。

他方でカントは、私たちが決して認識し得ない「物自体」、つまり主観的な認識以前

私たちは「物自体」を認識できない

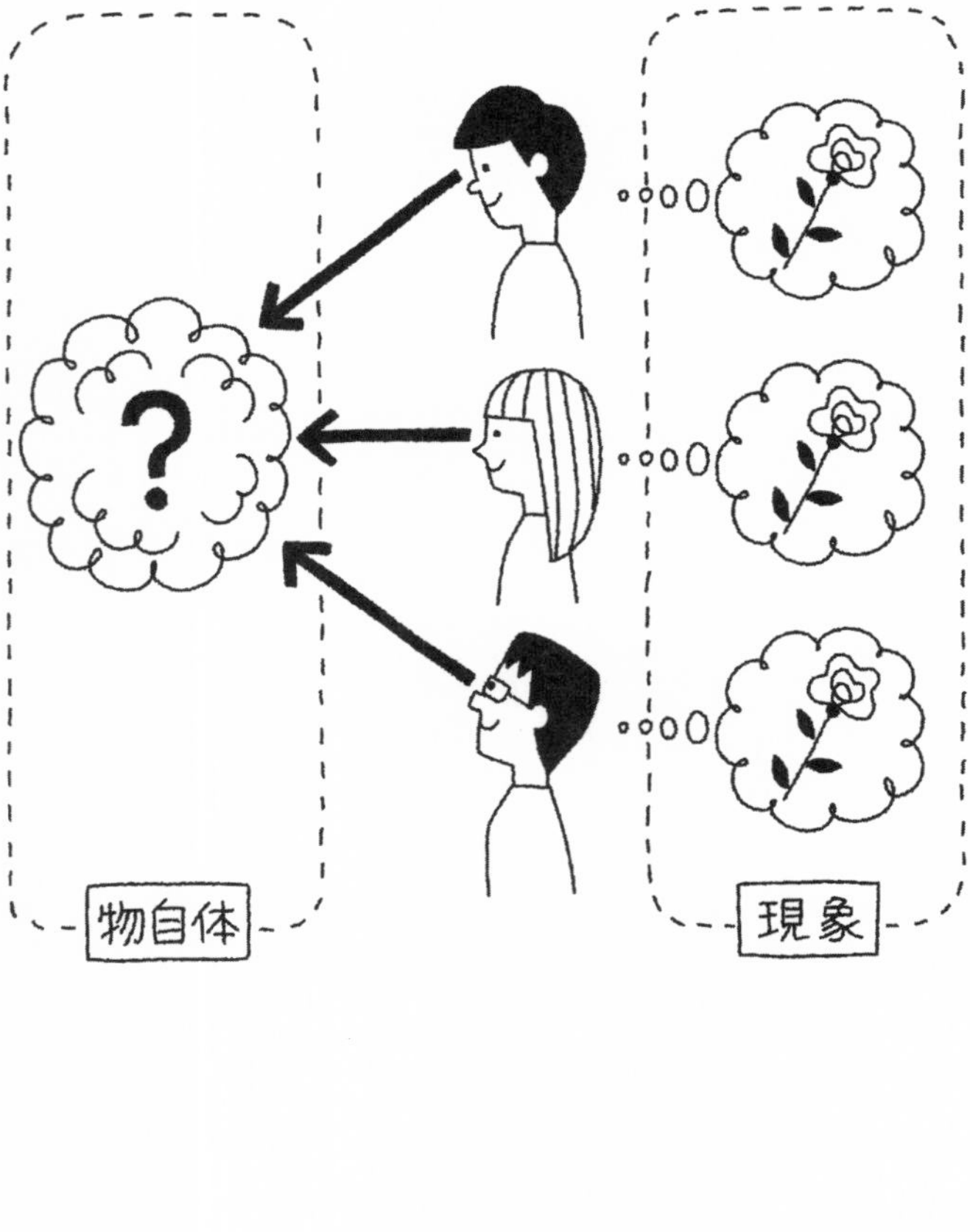

の、客観的な物そのものの世界があると考えます。しかし私たちは、主観のなかに現れ出た現象しか認識できず、物自体を認識することは不可能です。これがカント認識論の大前提となります。

補足しておきますと、この物自体の世界は、『純粋理性批判』の後のほうで叡智界《えいちかい》と呼ばれ、なんと道徳の根拠とされることになります。これについては第4章でお話しします。

感性と悟性の働き

それでは、私たちはどのように現象界において物事を認識しているのでしょうか。つまり、主観の認識の「共通規格」はどのようになっており、どのように働いて私たちの日常的な認識（一輪の花が花瓶に挿してある）を成り立たせるのか。ここで登場するのが、「感性」と「悟性」の区分けです。カントの主観の共通規格（メガネ）は二層構造になっており、感性＋悟性というかたちになるのです。順を追って説明していきましょう。

まず、物自体が感覚器官を刺激します（触発する、とカントはいいます）。具体的にいえば、視覚・嗅覚・聴覚・触覚・味覚などを通じて、「赤い色のなにか」「甘い香りのなにか」といった多様な感覚を受けとります。

カントに従えば、私たちは感覚器官を通じて受けとったこれらの多様な感覚を、「空間」と「時間」という二つの枠組みのなかで整理しています。この二つの枠組みでもって多様な感覚を位置づける認識能力を、「感性」と呼びます。感性に内蔵されている空間フレームで事物の大きさや広がりをつかみ、時間フレームで「いまある」「さっきまであった」ということを捕捉するのです。

いわれてみれば当たり前のことでしょう。私たちはテーブルの上の花瓶を眺めるとき、その花瓶は窓の外の庭にあるのでも、左側にある棚の上にあるのでもなく、「真正面のテーブルの上にある」ということをわかって（前提として）いますし、また花瓶を眺めているのは一週間前でも明日でもなく「いま」だということを前提としています。「空間」と「時間」という感性の形式（感性にもともと備わった二つのフレーム）を抜きにして、事物を捉えることはできません。

ここで重要なのは、空間と時間は現実世界（物自体）の側にあるのではなく、私たちの感性が空間と時間という枠組みを備えているということです。カント認識論によれば、私たちは客観世界を直接捉えることはできません。あくまでも私たちが備える感性の働きによって、多様な感覚を空間・時間という枠組みのなかで位置づけるのです。こうして位置づけられた感覚を、カントは「直観」と呼びます。

とはいっても、こうして感性によって空間・時間のなかで直観されるものは、まだ非常に漠然としています。「テーブルの上に金属製の花瓶があり、そこに一輪の赤い花が挿してある」と認識することは、これだけではできません。あえていえば「いま目の前に茶色い広がりがあって、そこから銀色のなにかが上の方に伸びていて、その上に緑色が広がり、そのまた上には赤い広がりがあって、甘い香りを発している」といった感じでしょうか。

この茫漠《ぼうばく》たる感覚の束を整理・統合して「判断」をもたらすのが悟性の働きです。感性で捉えた茶色い広がりを「これはテーブルだ」と判断するためには、テーブルという概念が必要になります。世の中には色も形もさまざまなテーブルがありますが、私たちはそれらに共通性を見いだしてテーブルと呼んでいますね。テーブル、茶色、花瓶、花のような概念を用いることで、多様な感覚の束から「これは……だ」という判断がつくられていきます。

空間・時間のなかに多様な感覚を位置づけるのが「感性」の働きであるのに対し、多様な感覚を概念で整理することによって明確な判断をつくり出す働きが「悟性」と呼ばれます。

人間が事物を認識する仕組み

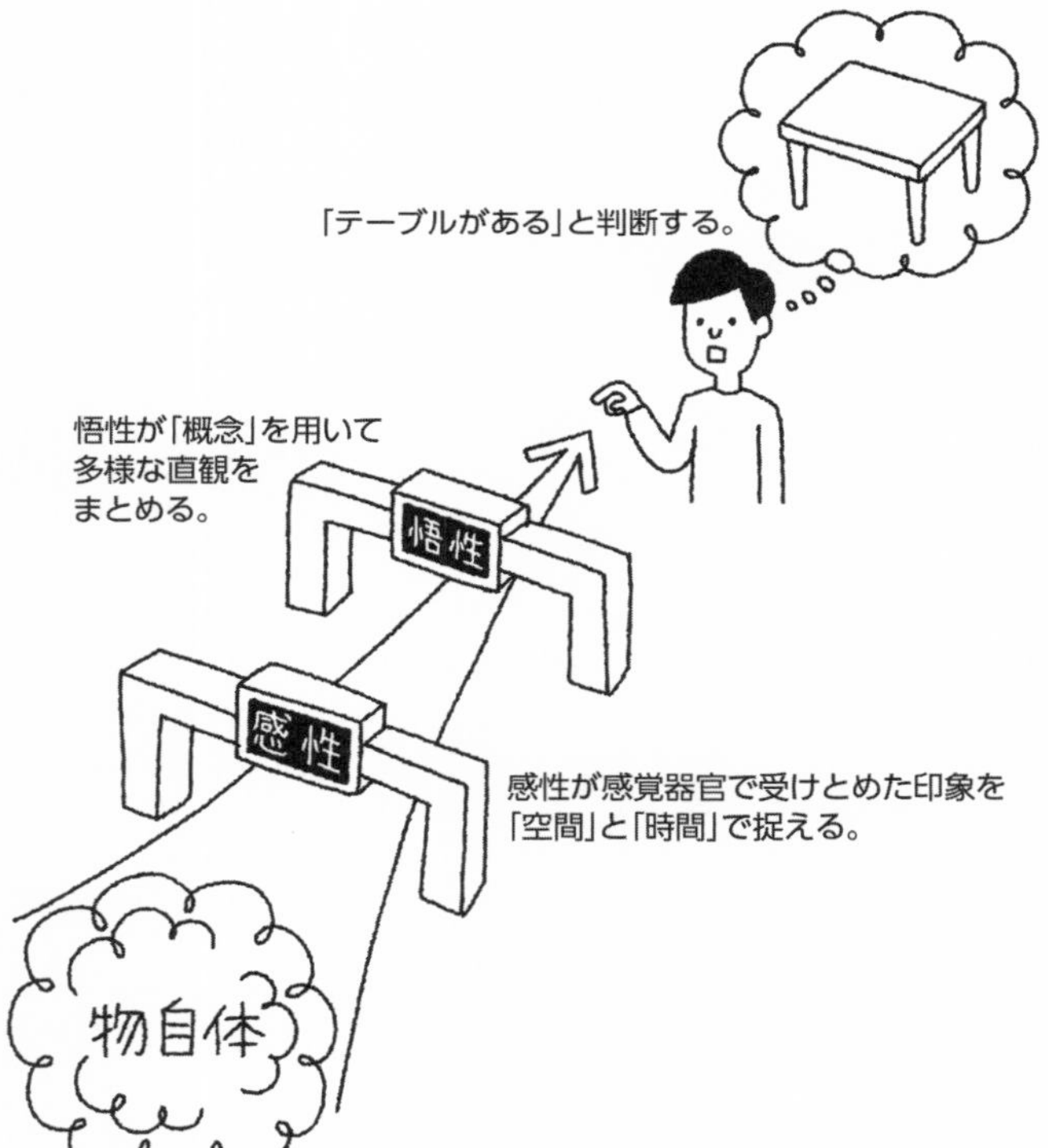
「テーブルがある」と判断する。
悟性が「概念」を用いて
多様な直観を
まとめる。
悟性
感性
感性が感覚器官で受けとめた印象を
「空間」と「時間」で捉える。
物自体

感性に空間・時間という形式があったように、悟性にも判断のさいのさまざまな形式が備わっていますが、これは第2章であらためて説明します。とりあえずここでは、悟性の働きは概念を用いて「判断」すること、と理解しておきましょう。

コペルニクス的転回

カントのアイデアは極めてユニークでした。普通、私たちは「そこに客観的に花がある」から、それが感覚を通じて入ってきて「花がある」と認識していると考えます。しかしカントにいわせれば、人間の感性と悟性が「花がある」という像と判断を主観のなかに形成しているのであって、客観的な物自体があるとしても、「花がある」という認識はあくまで人間だけがもつものなのです。たしかに、感覚も、色や花という概念（言葉）も人間のものです。「テーブルの上に花がある」という判断は、人間による人間のための認識というべきものでしょう。

このように、一切の認識は人間の主観（心）に現れたものでしかないとすると、科学の知も主観的なものにすぎず、合理的で客観性のある知とはいえなくなりそうです。そこでカントは、どんな主観にも共通する規格があると考えることによって、共有可能な客観的な認識が成り立つことを説明します。

そのさいのキーワードとなるのが、「ア・プリオリ」です。これはラテン語に由来する言葉で、「先天的」とも訳されますが、「あらかじめ」「そもそも」といった意味合いです。

先ほど述べた感性や悟性の形式は、私たちにア・プリオリに備わったものである。カントはそう考えます。ふたたびテーブルの花瓶に挿した花を例にして考えてみましょう。花を眺めて触ったり匂いをかいだりするとき、客観的にある花をそのまま受けとっていると私たちは感じています。自分で花の像や判断をつくっている、という自覚はまったくない。たしかに自覚はありませんが、カントは主観がア・プリオリに（あらかじめ）備えている認識の共通な枠組み（共通のメガネ）があることで、花や花瓶やテーブルをそれぞれひとつの「対象」として構成していると考えました。花や花瓶はすべて主観における現象であって、決して物自体ではないのです。

アリにとっての花は、人間にとっての花とはちがう。そんなことを想像してみてもいいかもしれません。アリにとっての花は甘い蜜という食べ物を意味するでしょうが、人間にとっては色を楽しむものです。アリと人間とでは空間感覚や時間感覚もちがうでしょう。

ふつう私たちは、客観がまずあってそれを主観が写しとる（客観→主観）と考えます。しかしカントは逆に、主観のア・プリオリな枠組みが現象としての客観をつくり出す（主観→客観）と考えるのです。まさしく発想の大転換です。これをカント自身は、第二版（B版）の序文で次のように述べています。

これまでわたしたちは、人間のすべての認識は、その対象にしたがって規定されるべきだと想定してきた。しかし概念によって、対象について何ものかをアプリオリに作りだし、人間の認識を拡張しようとするすべての試みは、この想定のもとでは失敗に終わったのである。だから［認識が対象にしたがうのではなく］対象がわたしたちの認識にしたがって規定されねばならないと想定してみたならば、［認識の本性と客観性の根拠を明らかにするという意味での］形而上学の課題をよりよく推進することができるのではなかろうか。（中略）

この状況はコペルニクスの最初の着想と似たところがある。コペルニクスは、すべての天体が観察者を中心として回転すると想定したのでは、天体の運動をうまく説明できないことに気づいた。そこで反対に観察者のほうを回転させて、天体を静止させたほうが、うまく説明できるのではないかと考えて、天体の運動をそのように説明しようとしたのである。だから形而上学においても、対象の直観について、同じような説明を試みることができるのである。

ここでカントは、地動説を唱えたコペルニクス[*24]の名を引き合いに出していますが、有名な「コペルニクス的転回」という表現は、ここから生まれました。カント認識論のエッセンスは「認識が対象に従うのではなく、対象が認識に従う」というフレーズに集約されるでしょう（厳密にいえば『純粋理性批判』にこのままの表現はないのですが）。

近代哲学が直面した難問のひとつに「主客一致の問題」があると述べました。カントはこの問題を、主観と客観を一致させるのではなく、主観同士を一致させるという形で解決したのです。そのような認識論のもとでは、自然科学を基礎づけるために、主観と客観の一致を論じる必要はありません。認識の客観性は、主観の外に出ることで可能になるのではなく、それぞれの主観が捉えた世界（現象界）が他者と共有されることで可能になる、と発想を転換させたわけです。

ここで重要なのは、私たちの認識の枠組みがア・プリオリに備わっていること、言い換えるならば、経験によって獲得したものではないということです。したがってカントは、ヒュームのように「すべてが習慣的信念にすぎない」という立場には与《くみ》しません。感性や悟性の形式があらかじめ備わっているからこそ、自然科学の知は客観的で共有で

カントの逆転の発想

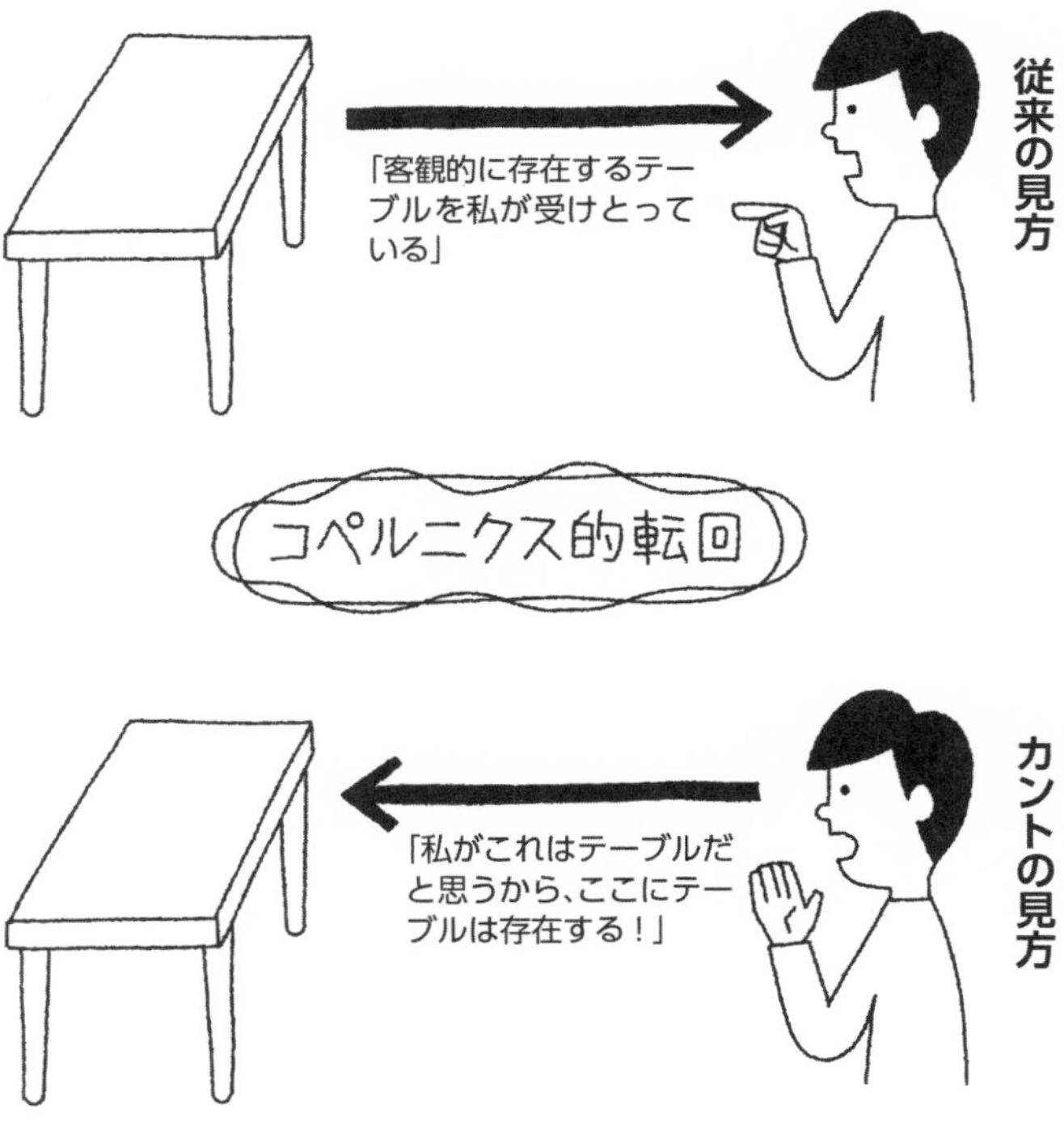
従来の見方
「客観的に存在するテーブルを私が受けとっている」
コペルニクス的転回
カントの見方
「私がこれはテーブルだと思うから、ここにテーブルは存在する！」

きると主張します。

続く第2章では、認識の客観性を可能にするメガネ（共通規格）をカントがどのようにデザインしているのかについて、とくに悟性の働きを中心にさらに掘り下げて見ていきたいと思います。

＊1　プロイセン
ドイツ騎士団が十三世紀に征服した領地に始まる。十六世紀にプロイセン公国、一七〇一年にブランデンブルク領を含むプロイセン王国に昇格。のちに分立する領邦中の大国として一八七一年のドイツ統一を主導した。

＊2　ケーニヒスベルク
一二五五年にドイツ騎士団が築いた城に始まり、中世はハンザ同盟の有力都市、カントの時代は東プロイセン州の州都。一九四六年ソ連に編入。

＊3　アイザック・ニュートン
一六四二～一七二七。イギリスの物理学者・数学者。十七世紀ヨーロッパの「科学革命」の中心人物で、アインシュタイン登場以前の科学の基礎を築いた。主著は『自然哲学の数学的諸原理（プリンキピア）』など。

＊4　ゴットフリート・ライプニッツ
一六四六～一七一六。ドイツの哲学者・数学者。微積分法をどちらが先に考案したかをめぐってニュートンと論争。主著は『モナドロジー』など。

＊5　大学講師
ドイツ特有の「私講師」で、大学の名前で講義をするが給料は支払われない。その代わりに聴講者から謝礼を受けとる。正教授職へのステップ。

＊6　ヨハン・ゴットフリート・ヘルダー
一七四四～一八〇三。ドイツの哲学者・文学者。一七六二～六四年にカントの講義を聴講。若き日のゲーテとともにドイツの文学革新運動「疾風怒濤」を推し進めた。主著は『人類の歴史哲学考』など。

＊7　とても規則正しい生活

日々のルーティンが厳格に決まっていたカントだが、ルソーの『エミール』を読んでいた頃、あまりに夢中になり寝坊。近所の人たちは「カント先生がいつもの散歩コースに姿を現さない」といって心配したというエピソードが今日に伝わる。

＊8　緻密にして難解

当時、ラテン語は知識人にとって必須の教養であり、学問世界の公用語であった。しかしカントは、三批判書をドイツ語で書き上げている。カントの文章が難解で、こなれたドイツ語になっていないのは、その影響と指摘する研究者もいる。

＊9　出版当初の反響は芳しくなかった

一七八一年刊の初版は批評家らに理解されず、大きな誤解をもって迎えられた。カントはその誤解を正すため、まず八三年に要約版である『プロレゴーメナ』を、さらに八七年には初版に大幅な改訂を加えた第二版を出版し、再び世に問うた。

＊10　『実践理性批判』『判断力批判』

「認識」つまり「真」に関わるテーマを論じた『純粋理性批判』に対して、一七八八年刊行の『実践理性批判』では「道徳」つまり「善」を、九〇年刊行の『判断力批判』では「美」に関わる内容を論じた。

＊11　ソクラテス

前四七〇／四六九〜前三九九。古代ギリシアの哲学者。対話を通して吟味し合いながら「よく生きる」ことを人々に説いた。弟子プラトンの著書『ソクラテスの弁明』などにより彼の生き様や対話術が今日に伝わる。

＊12　プラトン

前四二七〜前三四七。古代ギリシアの哲学者。

ソクラテスの死や政治腐敗を契機に哲学を志す。万物には時空を超えた「イデア」が存在するとして、私たちが経験できる対象とは峻別した。主著は『饗宴』『国家』など。

＊13　アリストテレス

前三八四～前三二二。古代ギリシアの哲学者。「万学の祖」と称される。イデアを求める理想主義の師プラトンに対して、現実のなかに本質を求める現実主義の立場をとった。主著は『自然学』『形而上学』など。

＊14　宗教改革

十六世紀初頭、サン・ピエトロ大聖堂の建設資金を調達するためローマ教皇が贖宥状（免罪符）の販売を始めると、ドイツのマルチン・ルターが魂の救済はイエスの福音のみに拠るとして激しく抗議、これを契機に宗教改革が始まった。ルターらプロテスタント派の勢力拡大に対抗し、カトリック教会側も対抗宗教改革を行って勢力の立て直しを図った。

＊15　ヨハネス・ケプラー

一五七一～一六三〇。ドイツの天文学者。天体観測のデータをもとに一六〇九年、太陽系の惑星は太陽を焦点とする楕円軌道上をまわること（第一法則）、太陽と惑星を結ぶ線分は一定時間に等しい面積を描くこと（第二法則）、一九年には惑星の公転周期（太陽の周りを一周する日数）の二乗と軌道楕円の長半径（楕円の長軸の半径）の三乗の比が一定であること（第三法則）を発表した。

＊16　ガリレオ・ガリレイ

一五六四～一六四二。イタリアの物理学者・天文学者。天体観測をもとに一六三二年刊の著書でコペルニクスの地動説を支持。翌年の宗教裁判で自説放棄を強要され幽閉生活を余儀なくされるが、三八年に物体は質量に関係なく同じ加速度で落下すること、落下距離は落下時間の二乗に比例することを発表した。

＊17　ニュートン物理学

ケプラーやガリレイは観測・実験をもとに物体運動の数学的解明に近づいたが、これを完成させたのがニュートン。彼はデカルトが考案した解析幾何学を発展させて微積分法を確立。それをもとにコペルニクスの地動説、ケプラーやガリレオが発見した法則、自身の万有引力の法則を数学的に証明。天上と地上では運動法則がまったく異なるとしたアリストテレス以来の学説をくつがえし、十七世紀の「科学革命」を完成させた。

＊18　ルネ・デカルト

一五九六～一六五〇。フランスの哲学者・数学者・自然科学者。心＝精神と身体＝物質との二元論や機械的自然観などにより近代哲学・自然科学の基礎を築いた。主著は『方法序説』『哲学原理』など。

＊19　エトムント・フッサール

一八五九～一九三八。ドイツの哲学者。最初は数学で学位を得るが哲学に転向、現象学の創始者となる。主著は『厳密な学としての哲学』『イデーン――純粋現象学と現象学的哲学のための諸構想』など。

＊20　ジョン・ロック

一六三二～一七〇四。イギリスの哲学者・政治思想家。国王のカトリック化政策に反対するシャフツベリ伯爵に仕えるが、迫害を恐れてオランダに亡命。一六八八～八九年の名誉革命で帰国し、『人間知性論』においてベーコン以来のイギリス経験論を完成、『統治二論』で名誉革命を理論的に擁護した。

＊21　デイヴィッド・ヒューム

一七一一～七六。イギリスの哲学者・歴史家。ロックのイギリス経験論をさらに徹底、彼の研究はカントが批判哲学書を執筆する契機のひとつとなった。主著は『人間本性論』『イギリス史』など。

＊22 バールーフ・デ・スピノザ

一六三二～七七。オランダの哲学者。神は世界として存在するという汎神論を主張し、デカルトの物心二元論に批判的な立場をとった。主著は『エチカ』『神学・政治論』など。

＊23 『人間本性論』

第一巻「知性について」と第二巻「情念について」が一七三九年に、第三巻「道徳について」が四〇年に刊行されるが、冗長で晦渋な文体のため世評は芳しいものではなく、四八年に簡潔に書き直した『人間知性に関する哲学論集』（のち『人間知性研究』に改題）を出版した。

＊24 コペルニクス

一四七三～一五四三。ポーランドの天文学者。死の直前に刊行した『天球の回転について』で地動説を唱え、思想界に衝撃を与えた。当時の天文学者や聖職者の激しい非難を受けるが、次の十七世紀に入るとケプラー、ガリレイ、ニュートンらの研究により地動説は支持され、数学的にも実証された。

第2章——科学の知は、なぜ共有できるのか

悟性がもつ働き

ニュートンの登場によって自然科学は飛躍的に発展しました。その体系的な知を、人々は「客観的真理」として信奉し、多大な期待を寄せるようになります。そこに痛烈な一撃を加えたのがヒュームでした。彼は、科学の知は習慣的な思考の産物であって、客観的真理ではないと喝破《かつぱ》し、カントはこれに大きな衝撃を受けたと吐露《とろ》しています。

ヒュームがいうように、人間が捉えた現実は客観的世界そのものではない、ということをカントも認めています。カントは、私たち人間は「物自体」を認識できないとして、それを主観が捉えている世界（現象界）と峻別しました。

そこで浮上するのが、科学は客観的たり得るのかという問題です。数学や自然科学の知を、誰もが信頼して共有できる客観的な知として基礎づけたい――『純粋理性批判』はそんな思いから書かれました。この本でカントは、すべての人間は、主観に共通のメガネ（認識の共通規格）を備えているため、数学や自然科学の基本的な部分については、認識を共有できると主張します。

ここまでは前章のおさらいです。この章では、カントがどのような論を展開することで数学と自然科学を基礎づけていったのか、そのようすを実際に見てみることにしましょう。

まずは、カント認識論のキーワード「悟性」について、詳しく述べておく必要があります。カントは、人間は「感性」と「悟性」の二層構造で世界を認識していると考えました。感性とは、物自体から与えられるさまざまな感覚を空間・時間の枠組みによって位置づけて「直観」をつくる働きのことです。ここで直観された漠たるイメージを、「ああ、これは茶色の大きなテーブルだ」と判断するのが悟性です。『純粋理性批判』では次のように説明されます。

わたしが悟性の機能ということで意味するのは、さまざまの諸表象を一つの共通の表象のもとに秩序づける働きの統一のことにほかならない。

またもや難解な表現ですが、ここでカントがいいたいのは、感性で受けとったさまざまな直観を整理して秩序づけるのが悟性の働きだということです。どのように秩序づけるのでしょうか。カントは、さまざまな「概念」を使うことによってそうしているのだと述べます。

経験概念と純粋概念

ところで、カントによれば、悟性の用いる概念には二つの種類があります。

第一の種類は、経験を通して後天的に獲得される概念です。たとえば、「茶色い」「大きい」「テーブル」などはこれに当たります。私たちは、生まれながらにこれらの概念をもっているわけではありません。見たことも使ったこともない道具は、いったい何に使うものなのか、とっさに判断することはできません。これらは「経験概念」と呼ばれます。

この経験概念は、さまざまな感覚をひとつの共通のものにまとめる働きをします。同じ茶色といっても、じっさいの感覚としては黒に近い濃い茶もあれば、明るい茶もある。黄色に近い茶色もあるでしょう。これらの多様な感覚を「同じ茶色」としてまとめるのが概念です。実質的には「言葉」と読み替えてもかまいません。多様な感覚をひとつの言葉でまとめることによって、それらに共通のイメージが想定されてくる。そういう共通イメージのことを概念と呼ぶわけです。カント自身は『純粋理性批判』では概念と言葉の関係についてはほとんど語っていませんが、いまいったように理解してよいでしょう。

ところで、私たち日本社会に生きる人たちはある種の動物を「イヌ」と呼び、これに似た別の動物については「オオカミ」と呼んで区別しています。しかし別の文化圏に属する人は、この二つを区別せずにひとつの言葉（概念）でまとめるかもしれません。経験によって獲得される概念は、文化や個人の経験によって異なってきますから、万人に共通なものではありません。このように、経験によって獲得される、ということを、カントはア・ポステリオリ（後天的）と呼びます。ですから、経験概念は「ア・ポステリオリな概念」とも呼ばれます。

さて、これとは異なった種類の概念として、カントはすべての人間にあらかじめ（ア・プリオリに）備わっている概念がある、といいます。そしてこれを、経験をまじえないという意味で「純粋概念」とも呼んでいます。

もし私たちがア・ポステリオリな経験概念しかもたないと考えるならば、ヒュームの議論を認めることになります。つまり、科学の知は万人には共有できないことになります。しかし、悟性はア・プリオリな純粋概念を備えている。これがカントのアイデアの核心であり、それによって数学と自然科学が基礎づけられることになるのです。

悟性がア・プリオリに備える「カテゴリー」

では、私たちがあらかじめ備えている純粋概念とは何でしょうか。前章で、感性が「空間」と「時間」という枠組みをア・プリオリに備えているという話をしました。それと同じように、カントは、私たちは純粋概念として四種十二個の「カテゴリー」[*1]を備えていると述べています。

このカテゴリーとは、思考の基本的な形式（型）のことです。カントは、量・質・関係・様相の四種十二個を挙げていますが、これらはすべて思考の働きの型を表すものであって、経験概念の例として挙げた「物の名前」ではないことに注意してください。

ちなみに、人間の思考には一定の基本的な型があるのではないか、という発想は、哲学の歴史のなかでも古くからあります。紀元前四世紀のアリストテレスは実体・量・質・関係・場所・時間・位置など全部で十種類を挙げて「カテゴリアイ」と呼びました。

カントが純粋概念をカテゴリーと呼ぶのはアリストテレスに由来していますが、しかし内容はアリストテレスの挙げているものとはいくらか違っています。カントは論理学に出てくる判断表（判断の種類の一覧表）をもとにして、四種十二個を提示し、これが悟性にア・プリオリに備わっている思考の型のすべてだと言い切っていますが、これについては哲学者たちからの異論もあります。

それはともあれ、カントの言い分を聞きましょう。すべてのカテゴリーを事細かに説明するのはやめて、おおづかみに理解していくことにします。

最初のカテゴリーは「量」です。このなかに「単一性（ひとつ）」「数多性（いくつか）」「全体性（すべて）」という、数量を捉える三個の概念が挙げられています。

ところで、「ひとつ」というのは、思考の働きなのでしょうか？　机がひとつあるという事実をそのまま受けとめているだけじゃないか、と思う人もいるかもしれません。しかし「ひとつ」は、私たちがそのように捉えるものなのです。目盛りをつけた線分を使って説明しましょう。

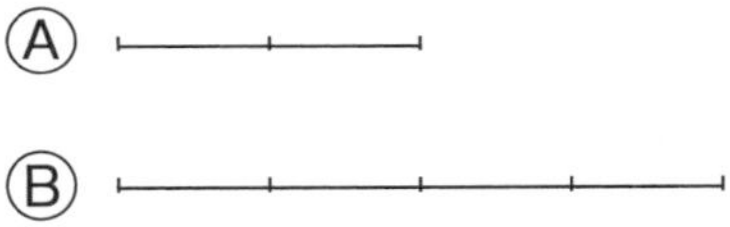

一目盛りを1とすると、線分Aは2、Bは4になりますね。ところが線分Aを1とすると、誰もが「Bは2だ」と答えるでしょう。小学校のとき皆さんも「……を1とすると」というのを算数で経験したことがあると思います。つまり「ひとつ」というのは、「これをひとまとまりとみなしますよ」ということですから、思考の働きであるとい

えます。どの範囲を「ひとつ」とみなすかはあらかじめ決まっているのではなくて、人間の必要に応じて変えることができるわけです。

さて、単位となる「ひとつ」が成り立つと、それを集めた「いくつか」が成り立ち、さらには「すべて」を捉えることができます。もちろん、「ひとつ」や「すべて」という言葉それ自体は後天的に学習するものにせよ、「これひとつ」「ここにあるものすべて」という概念そのものは、個々人の経験に拠ることなく、誰もが認識できるものだとカントは考えました。

無意識に行っている判断の原則

続いて「質」のカテゴリーです。私たちはなにかに接して、「これは……だ」と肯定的に対象を捉える場面もあれば、「これは……ではない」と否定的に捉えることもあります。86ページの一覧[*1]に対応させていえば、前者が「実在性」のカテゴリー、後者が「否定性」のカテゴリーです。

それに加えて、私たちは「これは……ではないなにかだ」と捉えることもありますね。「これは茶碗ではない」「平皿でもない」「コップとも違う」と絞り込んで範囲を定めていく、という思考の型です。カントは、これを「制限性」のカテゴリーと呼んでいます。単なる否定ではなく、否定を通じて範囲を定めていくわけですから、否定性と実在性とをあわせもった思考の型といえます。おもしろいですね。

三番目が「関係」のカテゴリーで、これは科学の思考とつながる点で重要です。これは、二つの事柄の間になんらかの必然的なつながりを見いだす思考の型です。二つの事柄がたまたまつながっているのではない、ということです。

たとえば私たちは、「食塩」という物質に対して、それに特徴的な「白い」「辛《から》い」という性質を結びつけて「塩は白くて辛い」という「判断」をしています。そのとき、食塩にはこれらの性質が必ず所属していると考えるのであって、たまたまとは考えていないはずです。このように、ある種の対象に必然的に属する性質を考える思考の型が、関係カテゴリーの最初である「実体と属性」です。

関係カテゴリーの二番目が「原因と結果」のカテゴリーです。たとえば私たちは、「野菜を加熱した」と「野菜がやわらかくなった」を、あるいは「たっぷり寝た」と「元気になった」を、原因と結果の関係で認識していますね。ヒュームはこれを、二つの事柄がつねに相伴って生じる（恒常的隣接がある）だけなのに、そこに人間は習慣として必然性を読み込んでいるのだ、といいます。しかしカントは、「ある原因が必ず一定の結果をもたらす」という思考は単なる習慣ではなく、人間の悟性にア・プリオリに備わったものであるといいます。これは因果律の問題につながりますが、すこし後で詳しく取り上げます。

関係カテゴリーの三つ目は「相互性」ですが、二つの事柄が互いに作用しあうということを見て取る思考の型です。詳しい説明は省きましょう。

最後の「様相」のカテゴリーは、およそ想像がつくのではないでしょうか。これは、なんらかの命題があるとき、それについて「あり得る／あり得ない」、「実際に成り立っている／成り立っていない」、「必然的に成り立つ／偶然にすぎない」と判断するような思考の枠組みのことです。つまり、ある命題についてその確からしさの程度を判定すること、と理解してもいいでしょう。

「ア・プリオリな総合判断」とは何か

さて、ここまでの話をいったん整理しておきます。

・私たちは「感性」と「悟性」の二層で世界を認識している。
・直観をつくる感性は、空間と時間という二つの枠組みをア・プリオリに備えている。

・直観されたものを判断する悟性は、四種十二個のカテゴリー（純粋概念）をア・プリオリに備えている。

なぜカントは認識の仕組みをこんなに細かく説明したかといえば、繰り返しになりますが、数学と自然科学を基礎づける（なぜ万人にとって数学と自然科学は共有しうるのかを示す）ためでした。そしてこの基礎づけを行うさいに、カントは「ア・プリオリな総合判断」という術語を導入します。

これはカントのキーワードですから、やはり理解しておきましょう。『純粋理性批判』の第二版（B版）の序文のなかで、カントは、純粋理性の働きについて解明すべき作業をひとつの課題にまとめるならば、「アプリオリな総合判断はどのようにして可能となるかという問いを明らかにすること」と表現できる、と述べています。

それほど重要な言葉なのですが、いったいどういうことでしょうか。順を追って説明していきます。

私たちは、日常生活のなかで「○○は……だ」という判断を頻繁にしていますね。これらの判断は、「分析判断」と「総合判断」に大別することができます。

ここでいう「分析」とは、「分解して要素を取り出す」という意味です。ですから、分析判断とは、主語のなかに含まれているものをあらためて述語として取り出す判断のことを指します。たとえば「富士山は山である」「日本人は人間である」といった判断が該当します。あたりまえですが、分析判断は必ず成り立ちます。しかし、新たな情報が付加されることはありません。

かたや総合判断は、主語に新たな情報を付加します。たとえば「富士山は標高三七七六メートルである」「日本人は勤勉である」といった具合です。これらの判断は、私たちの経験や調査を経て初めて形成されるものです。しかしながら、新たな情報が付加される総合判断は、分析判断と違って必ずしも真であるとはいえません。富士山の標高に異論を唱える人は少ないと思いますが、日本人が勤勉かどうかは、これまで出会った日本人によって判断が異なってくるのではないでしょうか。

イギリス経験論の立場では、すべての総合判断は経験にもとづいて形成されると主張します。ヒュームがその典型です。しかしカントは、経験にもとづくものではない総合判断もあると考えました。つまり、主語に新たな情報を付加しているのに（分析判断ではないのに）、その情報は経験や調査にもとづくものではない、そういう種類の判断がある。カントは、これを「ア・プリオリな総合判断」と呼んだのです。

うか。

純粋な悟性の原則

では、「ア・プリオリな総合判断」として、カントはどんなものを挙げているのでしょうか。

たとえば、「3＋2は5である」のような数学（算術）の判断です。

「3に2を加えること」というのが主語ですが、これは「5」を含んでいないので、分析判断には該当しない。だから、新たな情報が付加された総合判断でありながら、計測や調査のような経験を必要としない「ア・プリオリな総合判断」であるというのがカントの言い分です。

ヒュームはこれを分析判断だと考えたようです。つまり「3＋2」という主語のなかにおのずと5は含まれており、だからこそつねに正しいのだ、と。

皆さんはどちらに賛成ですか。私はカントの主張のほうが正しいと思います。「3に2を加える」というのは作業の指示にすぎません。これに従って作業することではじめて5が出てくる。「富士山は山である」のように、主語に述語がおのずと含まれているケースとはちがいます。

しかし、この作業を行うと、いつ・だれが・どこで行ってもつねに同じ結果が出ます

（たまに計算を間違うこともありますが）。ではなぜ、つねに同じ結果が出るのでしょうか？　これを明らかにすることが、数学（算術）の基礎づけということになります。

また、幾何学の公理や定理も、調査してデータを集めることによって得られる知識とはちがい、だれにとっても共通な知識であって、やはりア・プリオリな総合命題といえそうです。

ほかにどんなものがあるでしょうか。自然科学の基礎（土台）にいくつかのア・プリオリな総合判断があるとカントは考えます。そのひとつが「あらゆる変化には必ずその原因がある」という因果律です。これは、偶然に何かが起こることはない、ということを含んでいます。何か変化が起これば、必ずその原因が指摘できる、という意味であることに注意してください。

さて、この「あらゆる変化」という主語のなかには、「必ずその原因がある」という述語は含まれていません。ですからこれは「総合判断」です。しかしこれは経験によって左右されないア・プリオリなものでしょう。そして、この因果律は自然科学を成り立たせる土台となっていますから、これが疑わしくなれば科学じたいが成り立たなくなってしまいます。

因果律の他にも、数学や科学の土台となる「ア・プリオリな総合判断」があるとカントは考え、これを「純粋な悟性の原則」と呼びました。この「原則」はカテゴリーと同じく四種類ですが、合計八個あります（68ページの図を参照）。

これらの原則がどうやって成り立つかを示すことが、数学と科学の基礎づけとなるのですが、では、具体的にどうやってこれを示すのでしょうか？――感性に備わるア・プリオリな形式である空間・時間（直観）と、悟性が備えるア・プリオリな概念（カテゴリー）とを結び合わせることによって、カントはこれらの原則を導出していきます。つまり、共通規格として設定された二つの層を結びつけることで、どんな人にも共通な「認識のさいに働く原則」を導き出すというわけです。

数の概念はどうやって生まれるか

「ア・プリオリな総合判断」の原則の導出はかなり複雑ですから、以下では四種八個の原則のうち、二つに絞って詳しく見ていくことにしましょう。ひとつは数学や幾何学を基礎づける「外延量の原則」（「直観の公理」）、もうひとつは科学の基礎づけに不可欠な「因果律の原則」を取り上げたいと思います。

さて、数学・幾何学を基礎づける「外延量の原則」を語る前に、カントは「数」について語っていますので、まずはそこからスタートしましょう。そもそも、数の概念はど

「ア・プリオリな総合判断」の原則

① 直観の公理

外延量の原則。直観された対象は、すべて外延量をもつ。
たとえば、1本の直線はある1点から空間的な広がりをもつ。

② 知覚の先取

感覚の対象をなす実在的な対象は、必ず一定の感覚の度合い（強い弱い）をもつ。たとえば、色や音や光の強度は連続的なグラデーションをなす。

③ 経験の類推

ひとつの経験的認識が成立するには、個々の知覚が「必然的な関係」として結びついているという表象が伴わなくてはならない。

こうした必然的結合には、以下の種類がある。

③ーA：実体持続の原則

現象はどれほど変化しようとも実体は持続し続け、自然に含まれる実体の量そのものは増加も減少もしない。たとえば、密閉したフラスコの水（液体）を熱して蒸気（気体）に変化させても、全体の重さは変化しない。ラヴォアジエ「質量保存の法則」（1774年）を受けたもの。

③ーB：因果律の原則

あらゆる変化は、原因と結果を結びつける法則に従って生じる。あらゆる変化には、その原因がある。たとえば、机から皿が落ちる（原因）ことによって、皿が割れる（結果）という事象が起こる。

③ーC：相互性の原則

すべての実体は、空間において同時に存在するものとして知覚できる限り、完全な相互作用のうちにある。たとえば、私たちが花瓶に生けられた花を見るとき、花瓶と花が同時かつ別々に存在し、相互に作用している様を認識する。「万有引力の法則」を受けたもの。

④ 経験的思考一般の要請

様相の原則。対象世界について、ある判断が現実的な存在と言い得るための条件（原則）には、以下の種類がある。

④ーA：可能的

①〜③の原則に矛盾しないことは、たとえ知覚できなくても起こりうる（存在する）可能性がある。一致しないこと、たとえば外延量をもたない物体は存在しない。

④ーB：現実的

実際に感覚的に知覚されることは、現に起こっている（確かにある）。たとえば、磁石に吸い寄せられる鉄粉の動きを見て磁力の存在を推論するように、直接知覚されなくても、合理的な推論として「確かに存在する」とされる場合がある。

④ーC：必然的

ある事態がそうなっていることの必然的な理由が理解されているものは、必然的にそうなっている。経験の普遍的条件に従って、現実的なものと連関しているものは必然的である（存在する）。

うやって生まれるのでしょうか。

『純粋理性批判』での「数」の概念の成り立ちの説明はきわめて簡略なものですが、カントの考え方じたいはハッキリしていますので、私なりに説明してみます。

まず、量のカテゴリーだけでは数の概念は生じない、とカントは考えます。量という思考のカテゴリーに、空間と時間の直観が結びつくことによって数が生まれる、というのです。

ホワイトボードのような平面を想像してみてください。そこに直径3センチメートルくらいの黒丸を描きます。これを単一性のカテゴリーにもとづいて「黒丸が1つある」と判断します。次に、もうひとつ同じ大きさの黒丸を描きます。先ほどの黒丸と同時に眺めて「黒丸が2つある」。数多性（いくつか）のカテゴリーです。こうして、黒丸を継続的に加えていくと、1、2、3……となって、数の概念が出てくることになります。カントの言い方では「同種のものの継続的な総合」によって数の概念は生まれるのです。

こうして数の概念が生まれるためには、まず「空間」が必要であり、かつ、継続的に加えていくのですから、そのつどの経験を「時間」的にまとめていく（総合する）ことが必要となります。空間・時間の直観がないと数の概念は生まれない、ということがハッキリしました。

ではここで、「3＋2＝5」はなぜどんな人でも同じ結果になるのか、と考えてみましょう。3＋2という計算をするとき、人はどんな作業をしているのでしょうか。やはり、空間と時間の直観が必要になります。

「イメージ上のボードに黒丸を3つ描く。さらに2つ描く。最初から全部数える」。このような作業によって、5が答えとして出てきます。黒丸でなく白丸でも星形でもいいのですが、同種の空間的直観を継続的に加えていく、という作業は同じです（慣れてくると記号的に処理しますから、空間的直観はいらなくなりますが）。

こうして、文化の違いに関わらず、「いつ・どこで・だれが」やっても同じ結果となるわけです。算術（計算）は「ア・プリオリな総合命題」として成り立つことがわかります。

ここで少し補足しておきましょう。「同種のものの継続的な総合」というときの「同種のもの」として、ここでは黒丸を例に挙げました。同種のものがあるからこそ継続的総合ができ、数が出てくることになったのでした。

しかしより根本的に考えてみると、空間のなかで直観されるすべては同種的といえます。すべてが「空間における直観＝空間内の広がり」だからです。時間でも同じことで、時間のなかで直観されるすべては「時間における直観＝一定の時間経過」という点で同種的です。

だからカントは、数の概念の成り立ちについて、「あらゆる直観は空間・時間という枠組みをもつ点で根本的に同種的なものであって、そこに量のカテゴリーが加わることで、数の概念が生まれる」と考えているのです。

すべての直観は外延量である

続いて「外延量の原則」を取り上げましょう。これは「すべての直観は外延量である」というもので、「直観の公理」とも呼ばれます。噛み砕いていえば、「空間・時間のなかで直観されるあらゆるものは、すべて計測可能な大きさをもつ」ということです。

外延量という言葉は聞き慣れないと思いますが、具体的には「長さ」「面積」「体積」のような空間における大きさや、「〜分間」のような時間経過の大きさのことを指します。これらは、足したり分割したりできますし、さらに単位を決めればその数（いくつ分）でもって測ることができますね。このように、足したり計測したりできる大きさのことを外延量というのです。

ですから、この「外延量の原則」は、「空間・時間のなかで直観されるものは一定の大きさをもち、その量は足したり分割したり計測したりすることができる」と言い換えることができます。「なにを当たり前のことを」と思うかもしれませんが、この「当たり前」を証明することが、幾何学が成り立つ根拠を確立する上で不可欠であるとカントは考えました。

この原則は、数の成立のところで語ったのと同様に、根本的に同種なものである空間・時間的な直観に、量のカテゴリー（一つ・いくつか・すべて、という概念）が加わってくることで成り立ちます。やはり、同種な直観を継続的に加えていくことによって、外延量が成り立つのです。具体的に考えてみましょう。

さて、とても大きなテーブルがあって、一度では全体を見渡せないとします。このテーブルの天板（最上部の板）の大きさをどうやって私たちは獲得することになるでしょうか。

私たちは、視線を手前から先のほうへと動かしながらその全体を眺めることで、その「広大さ」を直観しています。いうなれば、部分部分を見て獲得した直観をつなぎ、総合することで対象の空間のなかでの広がりをつかんでいるのです。ここで主観は「空間的総合」という働きを行っています。そしてこの「大きさ」はいわば合成されたものですから、分割したり付け加えたりできる量、すなわち外延量となります。

外延量の原則

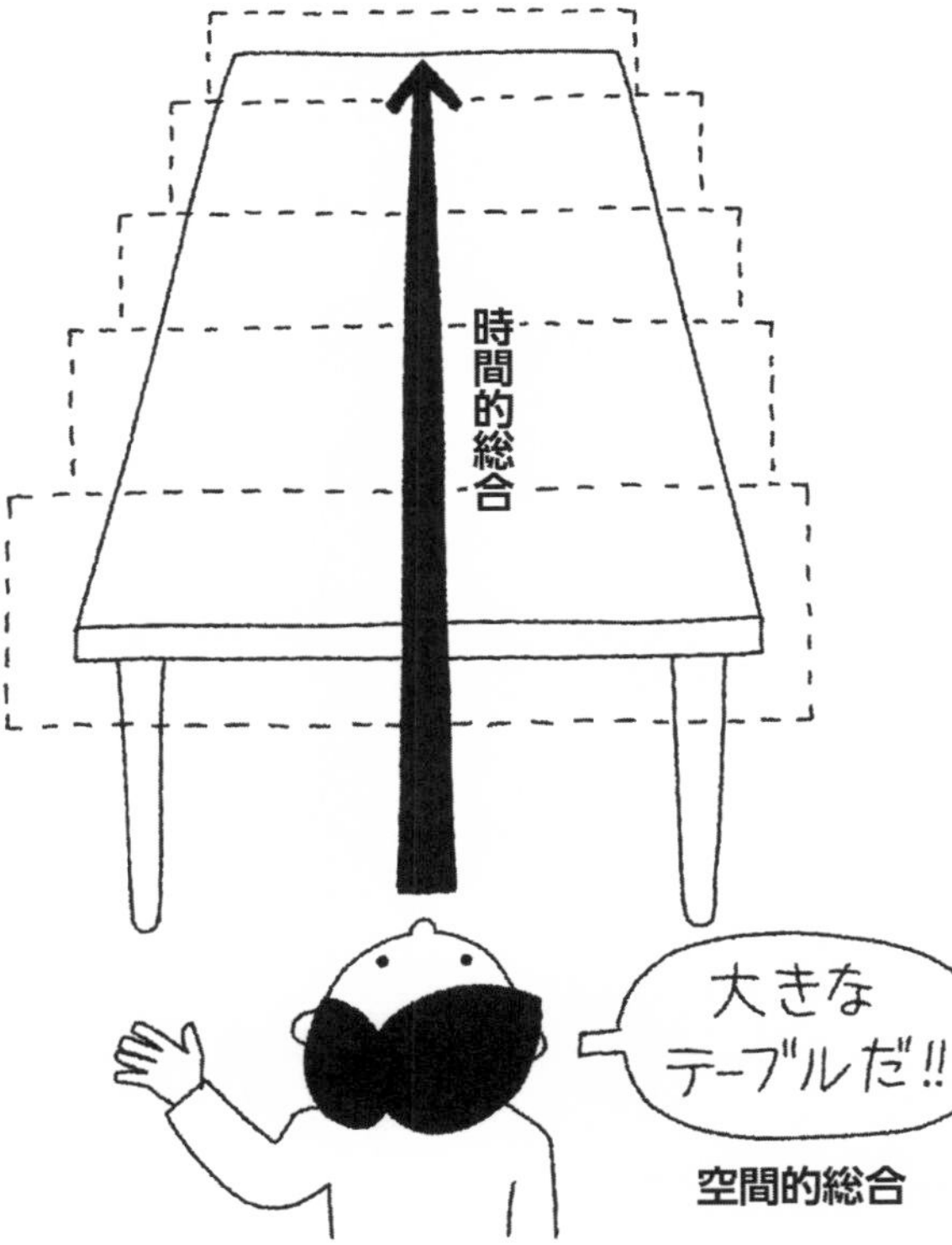

この空間的総合は、もちろん「時間的総合」を前提としています。手前を見たときの直観と、先のほうを見たときの直観が、時間的に連続した像として総合されなければ、天板全体を捉えることはできません。一瞬一瞬を「一連の経験」として時間的にまとめているからこそ、空間的な広がりとして直観されるのです。

このようにして、空間において直観された対象はすべて空間的広がり（長さや面積、さらには体積）をもつものとして経験されることがわかります。

そして、この空間的広がりは、数の概念を用いることで計測できるものとなります。たとえば、一辺が1メートルの正方形の面積を1（ひとつ＝単位）として定めるとします。すると、広い面積をこの単位面積のいくつ分として計測することが可能になるわけです。

こうして、「すべての直観は外延量である」という原則が証明されたことになります。そして、この原則によって、平面や空間の図形を扱う幾何学が成り立ってきます。

まとめておきましょう。人間が直観するものは空間・時間的広がりをもっており、それは測定可能で、数と単位で表すことができる。これが「外延量の原則」です。そして、そういう能力が人間にア・プリオリに備わっているからこそ、数学の世界が成り立つとカントは考えました。

数学の世界はどこかに客観的にあるのではなく、人間の認識能力である感性（直観）と悟性（カテゴリー）とが結びつくことによって可能になる。これがカントの答えでした。

自然科学を基礎づける原則

続けて「因果律の原則」です。「あらゆる変化は、原因と結果を結びつける法則に従って生じる」というのがカントの表現です。

花を例にして考えてみましょう。私たちの感性は、物自体から触発された感覚内容を「空間」と「時間」の枠組みによって位置づけます。そこに悟性の経験的概念が働くことで「花が咲いている」「昨日の朝はまだ蕾《つぼみ》だった」「昨日はよく晴れていた」といったことを認識します。しかしこのままでは、時間的にバラバラな三つの現象があるだけです。

これらの事象を必然的なつながりがあるものとして結びつけるのは、86ページの「関係」カテゴリーのところに出てきた「原因と結果」です。この働きによって、私たちは「昨日は蕾だった花がいまは咲いている。晴れて十分な日光を浴びたからだ」と理解します。

因果律の原則

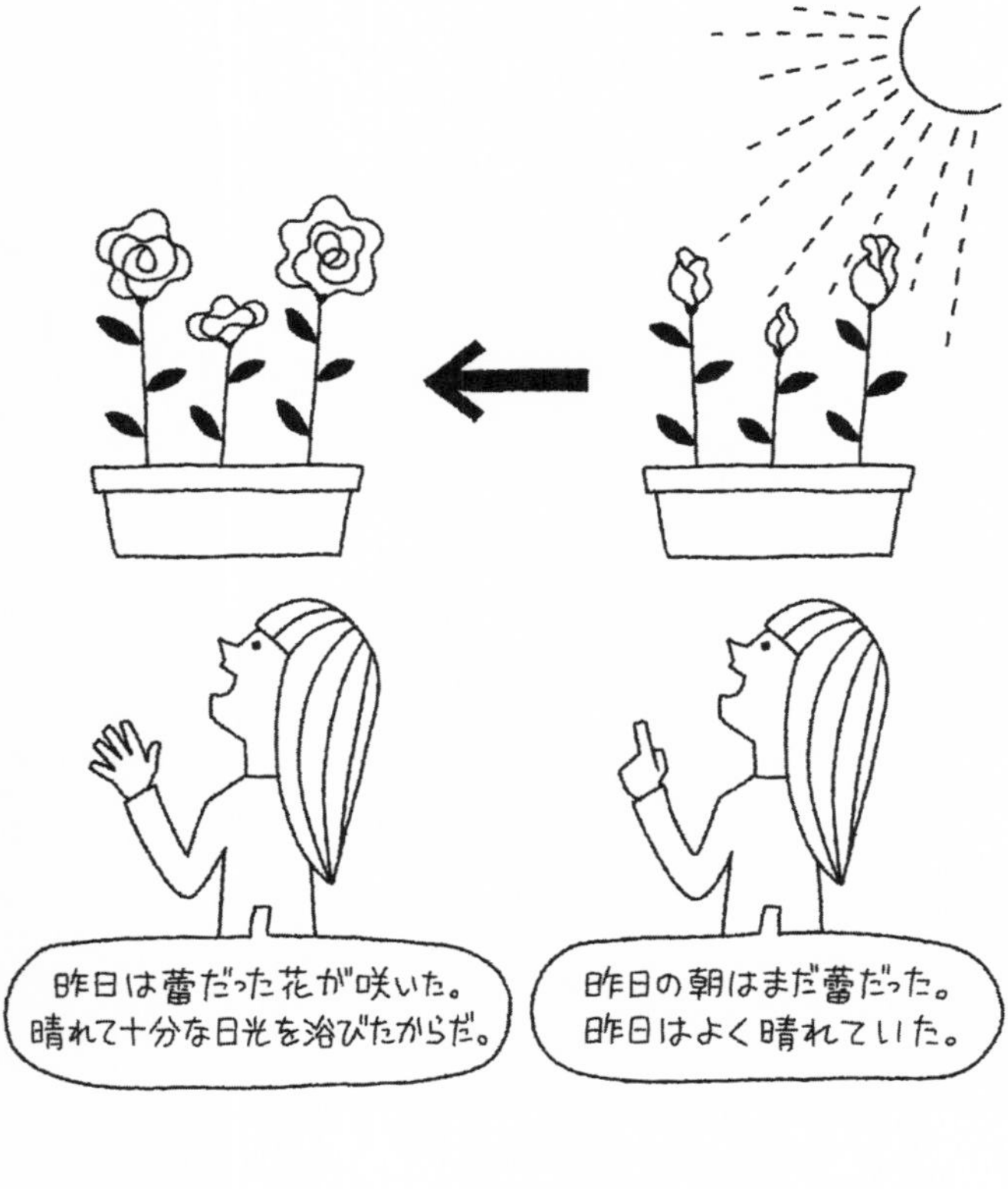

空間・時間の枠組みをもつ感性だけでは、因果関係は生まれません。時間と原因・結果のカテゴリーが結びつくことで「あらゆる変化には原因がある」という原則が成り立つことになります。

カント自身が因果律について説明している箇所を、引用しておきましょう。

わたしたちがあること〔A〕の生起を経験した場合には、何か別のこと〔B〕がそれに先だって存在していて、次にそのもの〔A〕がある規則に従って継起したことをつねに前提としている。このような前提なしでは、客体についてそれが継起した〔＝実際にBに続いてAが起こった〕と語ることができないだろう。わたしの把握において継起があったとしても〔＝BとAの連続的な主観的知覚があったとしても〕、その継起がある規則に従って前に発生したものに関わることが規定されないかぎり、わたしは客体において実際に〔BとAが〕継起していると語る権利はないのだから。

なんとも晦渋《かいじゅう》な表現ですが、要するにカントは、Bが原因でAが生起した、と捉えるとき、それは私がただこの二つを次々に把握したという主観的なことではなく、この二つの間に規則的で必然的なつながりがある、つまり客観的に生じたこととみなしているはずだ、というのです。

原因・結果のカテゴリーと時間の結びつきで生まれる因果律の原則は、主観のなかにありますが、人間が経験する現象をあらかじめ形づくっているのですから、その意味では客観的なものと言えます。カントはこうして、人の経験するすべての現象は因果的な法則に従って生起する、とみなしました。

これは、原因なく突然何かが生じる、というようなことはありえない、ということを含意しています。すべては必然的な法則に従って生起する、というこの見方は、しかし、人類にとって普遍的なものといえるでしょうか。

何かが起これば基本的に何か原因がある、とおそらくすべての人間は考えていると思います。ですから、「原因・結果」という思考の枠組みじたいは普遍的なものといえるでしょう。しかし、一切が数学的な必然的な法則によって精確なメカニズムのように動いていて気まぐれな偶然の入り込む余地はない、という見方は、近代の物理学の発展によって人々の意識に植えつけられたものです。カントはこの科学の自然観を念頭に置きながら、これを主観が備えるア・プリオリな原則として基礎づけたことになります。

さて、「関係」カテゴリーから生まれる諸原則には、因果律のほかに「現象がどれほど変化しても実体は持続し続け、その量は不変である」という原則（「実体持続の原則」）と、「同時に存在するすべての実体は相互に作用している」という原則（「相互性の原則」）があります。前者は「質量保存の法則[*2]」、後者は「万有引力の法則[*3]」のカント版ともいうべきもので、彼が当時の科学的知見を深く学び、その正当性を証明しようと腐心していたことがわかります。

万有引力の法則はおわかりでしょうから、質量保存の法則について一言説明しておきますと、これは「化学反応の前後で質量（重さ）は変化しない」というもので、ラヴォアジエが述べたものです。これを意識しながらカントは「実体持続の原則」を証明していますが（証明の手続きは省略しますが、かなり苦しい理屈になっていると私は思います）。

すべては「私の体験」として

これまでに見てきたように、カントは、どのように私たちの認識が成り立っているのかを考えました。「空間」や「時間」という感性の枠組みと、悟性が備える四種十二個のカテゴリーを示し、さらに、感性と悟性が結びつく（空間・時間とカテゴリーが結びつく）ことによって「ア・プリオリな総合判断」である四種八個の原則が成り立つことを示したのでした。

そのさい、ここまで言及してきませんでしたが、じつは認識を形づくるさいのもっとも重要なものとして「純粋統覚」（根源的統覚）の働きがあります。カントは次のように説明します。

　　わたしは考えるということが、わたしのすべての表象〔心に思い描いたもの〕に伴うことができるのでなければならない。

これはつまり、認識したことや心に思い描いた事柄すべてを、「私が」したこととしてまとめている、ということです。この働きを純粋統覚と呼びます。

たとえば、「友人と土曜日に会う約束をした」「土曜日に仕事がある」「最近ずっと体調がすぐれない」といったことが「私は」という主語を伴わないバラバラな認識だったとしたら、約束をすっぽかして信用を失ってしまうかもしれません。

もちろん私たちは「私は」や「私が」という部分を、とくに意識することなく日常を過ごしています。しかしいつでも、「いま私は……をしている」とあらためて意識することができます。また過去の体験もすべて「私が見たこと・したこと」として意識されます。このように、あらゆる認識のさいには主語たる「私は」が常に働いています。だからこそ、スケジュールを立てたり、物事を継続して深く考えたりすることが可能なのです。私たちが人生を振り返ることができるのも、純粋統覚によって、さまざまな体験を「私のもの」として時系列にまとめているからです。

そして、純粋統覚は、知覚や経験を「まとめる」力ですから、認識する働きの核であるといっても過言ではありません。私たちは、花びらや茎といったパーツの印象を「まとめる」ことで、対象を花と認識しています。また、二つの事象を「まとめる」ことで因果を見いだし、「○○によって……が起こった」と判断しています。ものを数えるという行為も、単位を「まとめる」ことにほかなりません。いままでしばしば「まとめる」働きについて述べてきましたが、これは統覚の働きだったのです。

カント自身、「統覚の総合的統一の原則は、悟性使用の最高原理である」と述べているように、あらゆる意識の働きを「私のもの」として総合する統覚を、対象認識を可能にするもっとも重要なものと見ています。

また、この統覚の働きがあるからこそ、「恒常的な自分がある」という自己の意識が生まれてきます。多様な認識をなしながらも、「同じ私がある」という意識を私たちは保っています。こうして、統覚の働きは、対象認識と自己認識の両方につながっていることがわかります。

「超越論的哲学」の最終目的

これまで引用した文章を一読すればおわかりのように、カントの説明はひどく複雑で、きわめて難解です。なぜこんなにも複雑なものになっているのでしょうか。まず、カントの問うたことをあらためて確認してみましょう。

カントが問うたのは、私たちが日常生活では意識することのない認識の仕組みです。そしてそこには、経験に拠ることのない、ア・プリオリな共通規格があると主張しました。このように、認識のア・プリオリな構造を追究する思索の体系を、カントは「超越論的哲学」と呼んでいます。

実際、『純粋理性批判』の目次[*4]を見ると、「超越論的」という言葉がずらりと並んでいます。この目次を眺めるだけで、認識におけるア・プリオリな共通規格をカントが徹底的に解明しようとしたことがよくわかります。

もっとも、カントの認識論はカントなりの答えであって、完全な正解というわけではありません。たとえば、カントは純粋概念として四種十二個のカテゴリーを挙げていますが、人間のもつ基本的な思考の枠組みをこれで網羅できているのか、また、それらは本当にア・プリオリなものなのかという点についても、さまざまな異論があります。

たとえば、人は幼児からスタートしてどのようにして認識の仕方を発達させていくのか、ということを研究した、心理学者のジャン・ピアジェ[*5]という人がいます。「発達」を考慮に入れると、量や因果性のカテゴリーはア・プリオリなものではなく、次第に形成されていくものである、と考えるほうが自然です。

また、カントは人間の認識構造を二層構造で捉え、直観（感性）と概念（悟性）を分けました。その上で、このきっぱり分断してしまった二つを結びつけることで「原則」を証明しますが、そのためにかなり複雑な理屈をつくり上げることになりました。ここでは説明を省きましたが、感性と悟性を媒介する（つなぐ）ものとして「想像力（構想力）」や「図式」のような、さまざまな道具立てをカントは持ち出してきます。その結果、カントのつくり上げた「認識モデル」はものすごく複雑な構造になってしまっています。『純粋理性批判』の「読みにくさ」はそこにも由来しています。

私自身は、直観と概念の完全な分断が適切かどうかについて、疑わしいと思っています。空間や時間の感覚も、因果的な把握の仕方も、幼いときからの経験のなかで次第に形成されていくものであって、感性と思考は一体となって形成されていくものと考えられるからです。

カントに影響を受けて「超越論的哲学」を受けつごうとした、二十世紀ドイツの哲学者フッサールは、カントを高く評価しながらも「カントの認識論の構図は確かめようのないものになってしまっている」と批判しています。

しかしまた、カントには、どうしても認識を二層構造で考えなければならない理由がありました。究極真理を語ろうとする従来の哲学を批判し、解決の道筋をつけるためです。

空間・時間の枠組みのなかで与えられる直観と結びついた認識は、正しい（客観的）認識でありえます。間違うこともあるので「ありえる」としかいえませんが、実験や観察でもって検証することで、より正しい認識をつくっていくことができます。これに対し、感性による直観と結びつかない思考、つまり概念のみを頼みとする思考は、客観性という立地をもちえません。

空間と時間という枠組みでもって直観できない対象とは何でしょうか。たとえば、神の存在や魂の不死、さらには宇宙空間の限界などです。これらを旧来の哲学は語ってきましたが、しかしそれは「直観なき思考」の暴走であって、答えの出ない底なし沼にはまり、合理的に共有されえない独断論に陥ってしまう――カントはそのように指摘したかったのです。

ですから、直観と概念を完全に切り離したことはかなりの無理がある、と私は思いますが、そこに「思考の暴走を説明するため」という正当な動機があったことも受けとめる必要があります。

さて、直観できる世界を離れ、どんどん暴走していく思考のエンジンとなるのが、『純粋理性批判』というタイトルにもある「理性」の働きです。普段、私たちが使う「理性的」という言葉のイメージとは、ある意味で正反対かもしれません。カントは、糸の切れた凧《たこ》のようにコントロール不能に陥ることもある理性について、きわめて独創的で、実に面白い考察を加えています。そして、なぜ暴走するのかという理由も明らかにしています。

次章では、理性の働きに着目しつつ、カントがどのように「究極の真理」を始末したのかを見ていきたいと思います。

＊1　四種十二個の「カテゴリー」

量
　単一性（ひとつ）
　数多性（いくつか）
　全体性（すべて）
質
　実在性（である・がある）
　否定性（〜でない・〜がない）
　制限性（〜ではないものとしてある）
関係
　実体と属性
　原因と結果
　相互性
様相
　可能・不可能（あり得る・あり得ない）
　現存在・非存在（実際に成り立っている・成り立っていない）
　必然性・偶然性（必然的に成り立つ・偶然にすぎない）

＊2　質量保存の法則

化学反応の前とあとで反応に関わった物質の総質量は変わらない、という法則。十八世紀フランスの化学者ラヴォアジエが提唱。化学反応であればこの法則はほぼ成立するが、原子核反応の場合は質量が膨大なエネルギーに変換するため、この法則はあてはまらない。

＊3　万有引力の法則

ニュートンが発見した万有引力は、すべての物体の間で作用し、引力の大きさ（Ｆ）は二つの物体の質量（ｍ１，ｍ２）の積に比例し、距離（ｒ）の二乗に反比例する。

＊4　『純粋理性批判』の目次

カントは本書で事細かに分類した論述を行っているが、大きな構造だけを示すと次のようになる。

Ⅰ　超越論的原理論
　第一部門　超越論的感性論

第二部門　超越論的論理学
第一部　超越論的分析論
第二部　超越論的弁証論
Ⅱ　超越論的方法論

＊5　ジャン・ピアジェ
一八九六〜一九八〇。スイスの心理学者。はじめ生物学を専攻するが、のち心理学に転向。児童の言語・思考や道徳的判断等を研究。主著は『心理学と認識論』『発生的認識論序説』など。

第3章——宇宙は無限か、有限か

「究極真理」の探究に終止符を打つ

前章までに駆け足で読み解いたのは『純粋理性批判』の前半部。ここからいよいよ後半戦突入です。難解な用語が行く手を阻むので、まずはゴールまでの道程をざっとお話ししておくことにしましょう。

古来、哲学は、神の存在、死後の魂、宇宙の始まりなど、究極真理の探究という答えの出ない問いを問い続けてきた、とカントは指摘しています。どんなに考えても答えは出ないのに、「これこそが答えだ」という独断論と、「いやいや、それはおかしい」という懐疑論が無益な戦いを繰り広げてきた。そんな哲学の歴史に終止符を打つことが、『純粋理性批判』の後半に課せられた第一のタスクです。そしてさらに、人間がよりよく生きるには何が必要かということを考える学問として哲学を再生すること。それが第二のタスクであり、『純粋理性批判』の最終ゴールでもあります。

第3章は、カントが第一のタスクをどのように遂行したかを見ていくことにしましょう。論点は大きく二つあります。

①究極真理の問いは、なぜ答えが出ないのか？

②なぜ人間は、答えの出ない問いの底なし沼にはまるのか？

理性はときに暴走する

この二点を論じる上でカギとなるのが、人間の「理性」です。

感性と悟性については、これまでにも繰り返し言及してきました。感性は空間・時間を伴う「直観」をもたらし、悟性は「判断」をつくり出します。これに続く理性は、「推論」という働きをもっています。

たとえば、鉄粉に磁石を近づけたとしましょう。そこで起きた変化を「磁石が鉄粉を引き寄せた」と判断するのが悟性です。第２章で見た「原因と結果」のカテゴリー、ひいては「因果律の原則」にもとづいてそう判断します。ここからさらに一歩進んで、私たちは「肉眼では捉えられないが、ここには何らかの力が働いているに違いない」と考え、「磁力」という一般的な原理を想定する。こうした「推論」をするのが理性の働きです。

悟性と理性は「考える」という点では同じです。しかし、悟性が直観と結びついて働くのに対し、理性は必ずしも直観に縛られません。磁力の例は直観を説明する上で合理的な推論といえますが、理性は必ずしも合理的な推論を導くとは限らないのです。

たとえば理性は、原因・結果のカテゴリーを使ってどんどん推論を進めていくかもしれません。「磁力にもそれを生み出す原因があるに違いない。それは何だろうか？　◯◯に違いない！　だったら◯◯を生み出す原因は何だろう？　原因の原因の、そのまた原因は？」となって、ついに「世界の一切を生み出す究極原因は何か」という問いにたどり着く。

このように、理性は推論に推論を重ねたあげく、直観されうる世界（現象界）から逸脱し、究極の真理にまで行き着こうとする本性をもっているとカントは述べます。答えの出ないことを求めて「暴走」しかねないのが理性なのです。

人間は、主観の外にある「物自体」を直接には認識できません。人間が認識しているのは、それぞれの主観（心）に映った世界。それをカントは「現象界」と呼んでいます。この現象界を形成しているのが、感性と悟性でした。感性と悟性には、すべての人に共通の認識規格（メガネ）がア・プリオリに備わっているので、ほかの人と合理的に共有可能な認識をつくることができる。これがカントの考え方です。

とくにポイントとなるのは感性の形式である「空間・時間」です。空間・時間のなかで経験されうる物事の次元（現象界）にとどまっている限りは、みんなが「そうだよね」と共有できる答えに至ることができる。具体的な観察や記録にもとづいて合理的な推論をすることができるからです。しかし暴走した理性は、この共有可能な現象界を飛び出し、際限なく推論を進めて「答えの出ない問い」をつくり出してしまう。そして、合理的に共有可能な根拠を示すことができない「独断論」になってしまいます。

では「答えの出ない問い」とは何でしょうか。その最たるものが、魂の不死、世界の始まりと終わり、そして神の存在をめぐる問いです。カントは「純粋理性」を徹底的に「批判」する（理性の認識能力を吟味する）ことによって、これらの問いじたいを不可能なものとして葬り去ろうとしたのです。

私たちの魂は死後も生き続けるか？

さて、『純粋理性批判』で最初にカントが始末するのは、「魂の不死」をめぐる問いです。

いにしえの時代から、宗教者たちは死後の世界を饒舌《じょうぜつ》に語り、哲学者は人間の魂が死後も生き続けることを証明しようとしてきました。古くはプラトンの『パイドン』[*1]が有名ですが、近代のデカルトも、肉体がなくても魂は自律的に存在しうると主張しました。心は非物質的で、不壊不滅であり、時間の流れに関わらず常に同一である――これがデカルトの議論です。

カントは、これを誤謬《ごびゅう》推理（誤った推論）であると一刀両断にします。カント認識論によれば、私たちが合理的に認識し得る対象は、人間の感性が「空間」と「時間」の枠組みで捉えられるものだけです。ですから、自分の内的な感覚によって捉えられるかぎりで「心」について認識することはもちろんできます。「戦争の映像を見ると悲しい」「あの人の前に出ると胸がドキドキする」ということ（内的感覚によって捉えられた自分）はきちんと認識できますし、それらを材料として人間の心についての学問をつくることも可能でしょう。

しかし、具体的な心の働きの根底に究極のおおもととして「魂」を想定し、それは肉体が滅びても壊れることはない、つまり不死なのだ、と語ることは、時空から超え出たものを認識しようとしている時点で、そもそも間違った推論だというのです。

ここで気をつけていただきたいのですが、カントは「不死なる魂は存在しない」と主張しているのではありません。心の働きのおおもとにあるかもしれない魂は原理的に認識できませんから、「ある」とも、「ない」ともいえないのです。そういう意味で、いくら議論しても答えは出ない、というのがカントの結論です。

にもかかわらず、なぜ人々は魂の不死を願い、かくも多くの哲学者が不死なる魂の存在証明を試みてきたのでしょうか。これについてカントはとくに論じていませんが、やはり死への不安や恐怖から解放されたかったからでしょう。

死とは何でしょうか。それはこれからやりたいことを奪うものであり、また、親しい人たちとの別離をも意味します。しかも、死には絶対の未知性があります。死後どうなるかということは、生きている間は誰にもわかりません。ですから、人は死を恐れつつ、なんとか死後の世界を知りたいと願い、さまざまに思い描いてきたのではないでしょうか。

キリスト教世界においては、死後の世界に天国があると信じられていますが、これは「不死なる魂」を前提としています。西洋だけではありません。インドでは魂の生まれ変わり（輪廻転生）が信じられてきました。日本のお盆も、死者の魂と交流する機会ですね。人は決して証明できないのに、死後の世界や魂の不死を考え続けてきたのです。

話は変わりますが、私がカントの議論から連想したのは「自分探し」です。現在の自分は「ほんとうの私」ではない、どこかに眠っているはずの「ほんとうの私」と出会えれば、もっと生き生きと充実して生きられるはずだ——二〇〇〇年前後の日本では、そんな若者たちの「自分探し」が話題となりましたが、じつはいまも、そんなふうに思っている若者はたくさんいるように思います。

でもなぜ、「ほんとうの私」が欲しくなるのでしょうか？　私が存在している理由、つまり「使命」が与えられれば、何を目指して生きればよいかがわかる、と思えるからでしょう。私自身も若いとき、他者とどう関わり何を目指して生きていけばよいか、悩んでいました。そして哲学書のなかにその答えがあるのではないかと思っていました。

これについての私の結論はこうです。どこかに「ほんとうの私」を求めるのではなく、「どんなことに私は喜びを覚えるか」を自分に問い、そこから生きる方向を見つけていくしか答えはない、と。このことを示唆してくれたのは、カントより一世紀ほど後の哲学者フリードリヒ・ニーチェ[*2]でした。

宇宙に始まりはあるのか？

さて、不死なる魂をめぐる問いを斥《しりぞ》けたカントは、答えの出ない問いとして、さらに四つの「アンチノミー」を挙げ、なぜそれらに答えが出ないのかを示しています。アンチノミーとは、対立する二つの命題がどちらも証明できてしまい、どちらが正しいのか決着がつかない状態を指します。日本語では「二律背反《にりつはいはん》」とも訳されます。

では、カントはどんなアンチノミーを俎上《そじょう》にのせているのでしょうか。カントの表現を簡単に言い換えると次のようになります。

①宇宙は無限か、有限か
②物質を分解すると、これ以上分解できない究極要素に至れるか否か
③人間に自由はあるのか、それともすべては自然の法則で決定されているのか
④世界には、いかなる制約も受けないものが存在するのか否か

第一のアンチノミーから始めましょう。この問いには、時間的に無限か有限か（宇宙に始まりはあるか否か）という問題と、空間的に無限か有限か（宇宙には果てがあるか否か）という二つの問題が含まれていることに注意してください。

ちなみに、この問題は二択（有限か無限か）ですから、どちらかに答えが決まりそうに思えます。しかしカントは、どちらともいえないといいます。どうやってそれを示すのでしょうか。

カントはまず、有限説の立場をいったん取ったうえで、それでは矛盾が生じてくるから有限説は成り立たない、と証明します。そして次に、無限説の立場に立ってみる。するとやはり矛盾が起こってきて、それも成り立たないと証明します。こうして有限説も無限説もどちらも成り立たない、ということになってしまうのです。

ちなみに、「ある命題を真だと認めると、そこからこんな矛盾が生じる。だからその

命題は間違いだ」と証明する方法のことを「背理法《はいりほう》」とか「帰謬論《きびゅうろん》」といいます。
では、カントの論証を確認してみましょう。

正命題（有限説）「世界（宇宙）は時間的に始まりをもち、空間的に見ても限界によって囲まれている」

反命題（無限説）「世界（宇宙）は始まりをもたず、空間におけるいかなる限界ももたない。時間的にも空間的にも無限である」

時間のほうを取り上げましょう。宇宙に「始まりがある」とします（有限説に立つ）。すると、その始まり以前はどうなっていたのかという疑問が生じますね。そこには空間も時間もなかったはずですが、何もないところに何かが生じるのはおかしい。
宇宙はビッグバンとともに始まった、といわれます。しかし、ビッグバンが起きる前はどういう状態だったのでしょう。「いや、ビッグバンによって空間と時間が始まったのであって、それ以前の時間などは存在しないのだ」といわれるかもしれません。でも、時間のないところに時間が突然始まったとすれば、ビッグバンを可能にした何かがあったはずだと考えられます。そうなると、有限説が主張する始まりは、決して、すべてが始まるという意味での真の始まりとは呼べないはずです。こうして、有限説は否定されてしまいます。

答えの出ないアンチノミー

今度は宇宙に「始まりがない」としましょう（無限説に立つ）。すると、現在までに無限の時間が過ぎ去ったことになる。しかし「無限」が「過ぎ去って」しまう、ということは矛盾である。無限に現在という限界点があるのはおかしい、ということです。

すこし言い方を変えてみると、わかりやすくなるかもしれません。スタート地点のない時間の流れを、どうやって現在にまで積み上げてきたのか、それは不可能ではないか、という議論だと考えてみてください。

レンガ積みをイメージしてみましょう。起点となる一個のレンガが据えられると、その上にどんどん積み上げていくことができます。しかし、最初の一個を積めないような場所（たとえば底なし沼など）に、レンガを積み上げることはできません。同様に、始まりのないところからいくら時を刻んでも現在に至ることは不可能です。こうして「始まりがなければ現在が成立しない」ということになりますから、「始まりはある」と考えなくてはなりません。

始まりがなければ現在は存在しない

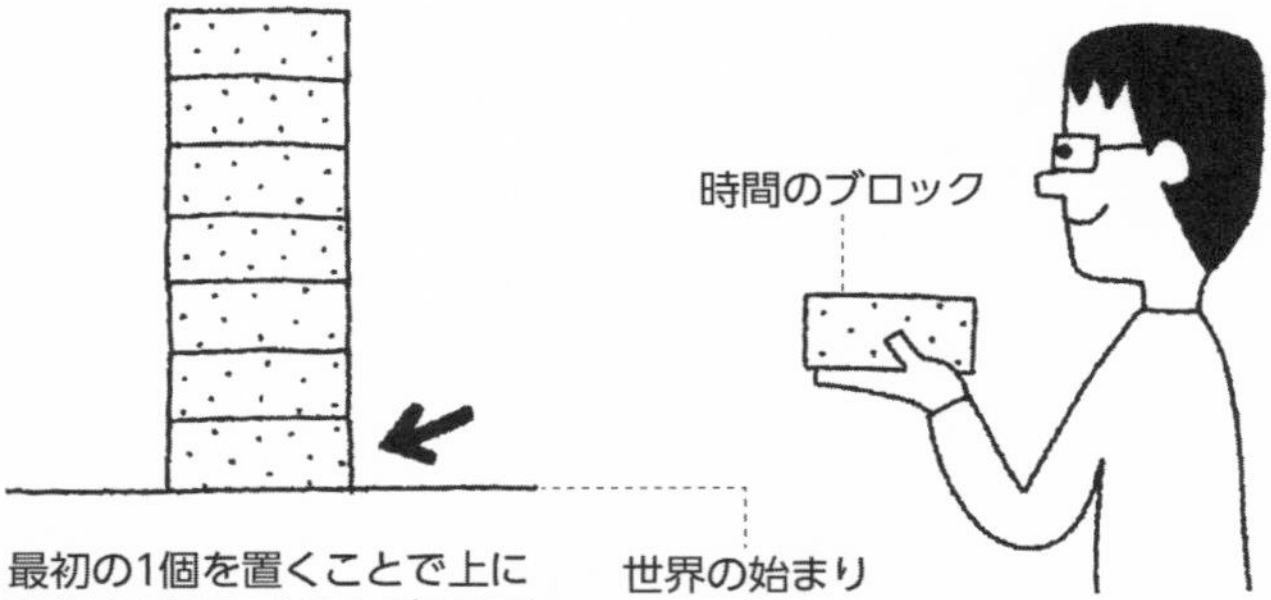

最初の1個を置くことで上に
積み上げていくことができる。

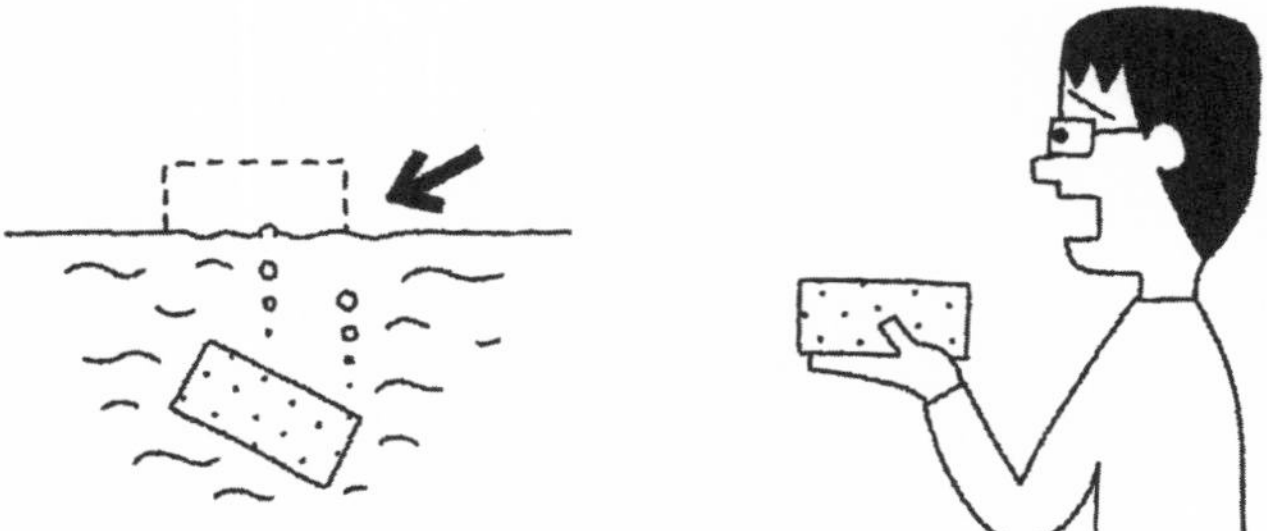

最初の1個が置けない底なし沼では
積み上げることができない。

ここまで時間の観点で検討してきましたが、空間についても同じです。もし宇宙空間が有限だとすれば、宇宙の果ての向こう側はどうなっているのか、という疑問が生じます。逆に無限だとすると、今度は「ここ」を指定できなくなってしまいます（レンガの話を空間に置き換えてみてください）。

このように、有限説も無限説も誤っていて、どちらも「正しい」とはいえなくなってしまいました。宇宙は有限か無限かという問いは、決して答えの出ない問い、つまりアンチノミーだということになります。

次に、第二のアンチノミーを見ましょう。想像の翼を宇宙へと羽ばたかせたのが第一のアンチノミーだとすれば、第二のアンチノミーは、その眼をミクロ世界に向けたものといえます。「物質を分解すると、これ以上分解できない究極要素に至れるか否か」が問われます。

これについても、究極要素に至れるという説（分解は有限回でストップする）と、究極要素は存在しないという説（無限に分解できる）とがあります。カントは、この問いについても、空間・時間の話とほとんど同じ論法によって、どちらも正しいとはいえないと証明してみせるのです。

なぜアンチノミーが生まれるのか

しかしなぜ、アンチノミーが生まれるのでしょうか。世界全体（宇宙全体）について二択で問うている以上、どちらかに答えは決まりそうなものですが。

カントはいいます――「世界全体」は、物のような客観的な対象ではない、だから答えが決まらないのだ、と。どういうことでしょうか。

空間・時間のなかで与えられる具体的な客観的対象には、身の回りの物だけでなく、地域や地球や太陽系などを含めることができますね。これらについては、データをもとにした妥当な推論によって、それがどうなっているのかについて答え（共通理解）を出すことができます。

しかし「世界全体」というのは、それらのような客観的な対象ではありません。なんとなく私たちは、世界全体をひとつの「物」のように考え、広大な空間と時間の流れの全体を見渡しているかのようにイメージします。しかしじっさいは、空間と時間の流れ全体を見渡すような視点をもつことはできません。あくまでも、さまざまな証拠にもとづいて時間を遡ったり、既知の空間からさらに遠い先を推理したりする作業ができるだけなのです。

空間・時間のなかに位置づけられる対象については、答え（共通理解）がつくれる。しかし世界全体はそのような対象ではなく、限りなく時間を遡り、遠くを想像することによって、究極の全体性として思い描かれたものです。カントはこのことを次のようにいっています――世界全体とは「理念」（＝思い描かれた完全性）である。だから決して認識の対象として与えられることはない。そうではなく、決して到達され得ない永遠の目標として、認識に課せられたものとしてあるのだ、と。

そして、この「決して実現されないが永遠の目標として課せられているもの」という意味で、世界全体のことを「統制的理念」（認識を導く理念）とも呼んでいます。物理学者たちは、世界全体という果てしない目標に向かって、いまもこれからも研究を続けていくにちがいありません。

理性がもつ二つの「関心」

ところで、答えの出ない「世界全体」について、なぜ人間は知ろうとするのでしょうか。そして限界が「ある」とか「ない」とか結論づけたがるのでしょうか。そのことをカントは、理性の「関心」によって説明しようとします。

理性の働きは推論をすることです。しかも、推論に推論を重ね、際限のないところまで行こうとする。そのとき、理性には二つの関心があるとカントはいいます。

ひとつは「完全性」を求めることです。理性による推論は、世界全体を完結した完全なものとしてつかもうとします。なぜでしょうか。世界の全体がつかめると、そこに「自分」や「現在」を位置づけることができて、安心できるからです。

さまざまな民族が「世界創造」の神話をもっていますね。日本の古事記にも、イザナギ、イザナミの二柱の神様がいて、本州や九州など国土をつくったという話がありま す。世界はそもそもどこから来たのか、という問いに答えを与えられると、人は満足するでしょう。「なるほど、こうやって世界が始まり、さまざまな時代を経て現在に至っているんだな」と。このように、世界全体を思い描くことができると、安心します。「有限説」はこのような関心にもとづいています。

一方で、理性が過去を知ると、「その前は?」「さらにその前は?」「そのまた前は?」と遡りたくなる。世界の果てがあるといわれれば「その向こうは?」と問い続けようとします。限りなく問い続けることで真理に近づこうとする、という探究心も理性の関心のひとつです。そうしてこの問い続ける関心からすれば、有限説は探究をストップした不完全なものにすぎない。そうみなすところから「無限説」が生まれてくることになります。

つまり、有限説と無限説の違いは、理性のもつ関心の二側面、「全体を知って安心したい」と「もっともっと問い続けたい」という二つに由来しているのです。

この関心の指摘は非常に鋭いと思います。世界全体の問いについて、現象界（空間・時間）を超え出たものだから答えが出ないのだ、というだけでなく、理性というものの関心から説明されることで、皆さんも納得が得られたのではないでしょうか。

人間に自由はあるのか？

さて、次の第三のアンチノミーに移りましょう。問題は「自由はあるのか、それともすべては自然の法則で決定されているのか」という点です。カントの言い方では次のようになります。

正命題（自由はある）「自然の諸法則にしたがう原因性は、世界の諸現象がそこからことごとく導出されうる唯一の原因性ではない。さらに自由による原因性がそれらの諸現象を説明するために想定される必要がある」

反命題（自由はない）「いかなる自由もなく、世界におけるすべてのものはもっぱら自然の諸法則にしたがって生起する」

私なりに言い換えてみましょう。この世界には物事が系列的に起こってきます。Aが起こると、それが原因となって次にBが起こり、さらにそれが原因となってCが生じ……と続いていきます（ここには「因果律の原則」が働いています）。

そのさい、「この系列はすべて自然の法則によって決定されているのではなく、自由意志によってこの系列を新たに始めることができる」と考えるのが正の主張です。正命題に「自由による原因性」という聞き慣れない言葉が出てきますが、これは「新たな系列をみずから開始する能力」を意味します。自然法則に従った事物の系列に、人間の自由がいわば割って入って新たな系列の流れをつくることができる、というのです。これに対し、「そんなことはない。すべては自然の諸法則によって決められている」とするのが反の主張となります。この問題については、近代哲学が直面した二大問題のひとつとして、第1章でも言及しました（21ページ参照）。

では、カントは、この難問をどう料理したのでしょうか。

まず、「自由意志が原因として働くことなどまったくない」としましょう。一切が自然の因果律によって支配されていると考えてみます。すると、理性は「その原因は何か」「その原因の原因は何か」「さらにその原因は何か」と遡っていくことになります。

そしてこれは無限に続きますから、原因の系列のいちばん最初のもの、第一の始まりには決して辿り着くことができません。

しかし、「原因がなければ変化は起きない」（因果律）のですから、始まりとなる第一の原因を示せないと、現在生じている物事の因果も説明できません（これは、宇宙の始まりのさいの、底なし沼のレンガの話と似ています）。

こうして、自然法則に従う因果の系列が成り立つためには、すべての因果系列を創始した「自由の原因性」、つまり神のような存在を想定せざるを得なくなるのです。

このカントの「証明」は、第一アンチノミーの有限説と非常によく似ていますが、ちがう点もあります。第一アンチノミーは時間を遡るものでしたから、その系列は時間という同種で均質なものでした。しかしこの第三アンチノミーは因果の系列で、原因となるものの力動的な働きが問題となります。ですから、「始まり」も、単なる時間的な始まりではなく、一切の系列の原因となる「第一原因」が想定されることになるのです。

ここでカントは、新たな論点を持ち出しています。系列の始まりとしていったん「自由の原因性」を認めるならば、人間にも自由が認められていいはずだ、というのです。こうして論点は神の存在から、人間の自由意志の存在につながることになるのです。

次に、自由などないという反命題の「証明」を見てみましょう。もし「自由の原因性がある」という立場に立つとどうでしょう。手放しで自由を認めると、自然の法則にいくらでも例外が生じうることになり、法則として成り立たなくなる。すると、この世界を支える自然の秩序が根本から壊れてしまいます。始まりとなる原因がわからないにせよ、世界が自然の法則に従って変化してきたことは確かなのだから、わざわざ自由を持ち出してくる必要はない、ということになります。

以上が第三のアンチノミーの正・反の証明ですが、第一・第二アンチノミーと異なって、ここでカントは正・反双方の主張を認めています。第一・第二アンチノミーでは正・反のどちらも成り立たないとしていたのに対し、第三アンチノミーでは観点を変えればそれぞれに成り立つ理由がある、というのです。ですが、「人間に自由はある」と「自由などない」の二つがともに成り立つ、とはどういうことか、不思議に思う方もいると思います。これに対するカントの答えについては、第4章で詳しくお話しします。

個人的な話になりますが、人間に自由はあるか、ということは、私が若いときとても気になった問題でした。学生時代、勉強会でマルクスに関係する本を読んでいたときに、こんなことをいった友人がいます。

「人間に自由意志なんてないんだよ。君は自分の意志で行動したり、自由に道を選んで生きているつもりかもしれないけれど、それは幻想だ。人の行為はすべて自然科学の法則と社会科学的な法則によって決定されているんだ」

マルクスの主張は、経済のあり方（自給自足か市場経済か、など）によって社会の法律や文化や価値観は基本的に規定されている、というもので、それなりに理のある考え方です。決して人間の一切の精神の活動と行為が厳密に決定されていると主張するものではありません。しかしこの友人は、マルクスをもとにして、自由などまったくないという主張を自信たっぷりに展開してみせたのです。

私はショックを受けました。「そんなはずはない」と思いつつ、自分では納得のいく反論ができなかった。彼と別れて自宅に戻る道すがら、足元がぐらぐらと揺れているように感じたことをいまでも覚えています。何もかもが運命のように決められているのだとしたら、生きている意味などないような気がしたのでしょう。この出来事は、私が哲学を志すきっかけのひとつとなりました。

神は存在するのか?

続いて第四のアンチノミーもざっと確認しておきましょう。これは第三アンチノミーと内容的にはほとんど同じですが、物事の偶然性・必然性が主題となります（様相のカテゴリーにもとづくものです）。

何かの事柄が起こったとします。ある山の噴火でもいいかもしれません。そのさい、この噴火はいくつかの原因によって条件づけられています。ですから、条件がひとつ変わったら噴火しなかったかもしれない。その意味で、噴火は偶然的なものであって、必然的に起こるとはいえません。同じように、身の回りの物事は基本的には条件づけられたもの＝偶然的なものといえます。

そこで、あらゆる事柄についてその成立条件をたどっていくと、最終的には、何ものにも条件づけられない、必然的に存在するもの（神）があるはずだ、と考える立場が出てきます。これは、第三アンチノミーの第一原因とほぼ同じ推論です（また、別の考え方も出てきます。条件の系列の最後ではなく、系列の「全体」こそが「端的に必然的な存在者」なのだ、というものです）。

このように、「端的に必然的な存在者」を認める立場（正命題）に対し、そのようなものの存在を認めない立場（反命題）も出てきます。その証明方法は第三アンチノミーとほぼ同じですから省きましょう。

こうして「神の存在」についても、どんなに議論しても証明不可能だとカントは結論づけています。

理性は「理念」を思い描く

さて、これまでの四つのアンチノミーの議論をまとめておきましょう。

カントは、第一・第二のアンチノミーは正・反どちらも「成り立たない」と論証し、第三・第四のアンチノミーは正・反どちらも「成り立つ」と結論づけています。前者は空間・時間や物質といった同種のものの系列を論じ、後者は原因と結果のように異質な系列を論じている点で、質の異なるアンチノミーといえます。[*3]

ただし、どのアンチノミーも、合理的に共有可能な答えは出ないという点では共通しています。なぜなら、いずれの問いも、人間が認識することのできる現象界を超えた対象を、勝手な想像で議論しているからです。

心の自由や神についての議論が、現実世界を離れ、想像の世界に飛躍しているという指摘はわかりやすい。しかし、宇宙の始まりや宇宙の果て、あるいは眼前にある物質の根源は、感性で直観できる「空間」や「時間」と地続きなので、人間にも認識できると錯覚しがちです。しかし先に述べたように、「世界全体」を想像するとき、じつは空間・時間を飛び出してしまっているのです。

理性は推論に推論を重ね、究極的に無条件なもの（究極の真理）に至ろうとする性質をもっています。この「究極的な完全なもの」として、理性が思い描くものを「理念（イデー）」と呼びます。感性が直観を、悟性が判断をつくったように、理性は理念をつくるのです。しかし、四つのアンチノミーが示したとおり、理念は現象界（空間・時間）を超え出ていますから、それについて正しい答えを導くことはできません。

しかし、先ほども述べましたが、カントは、理念は「探求の目標」として人間に課せられたものだと述べています。つまり、まったく無意味なものではないのです。究極の真理に辿り着くことは永遠にないけれど、人間（とくに科学者）は、そこを目指して可能な限り探究しなくてはならない、というわけです。

そして、理性は完全なものを理念として思い描くのですが、その働きがもっとも有効なものとして発揮されるのは、じつは認識や理論の領域ではなく、行為（道徳）の領域だとカントは考えます。理想的な完全な道徳的社会の一員であるように人は行為しなくてはならない、というのです。このことも第4章で述べることにしましょう。

カントが考えた哲学再生の秘策

誰しも一度は「死んだら自分はどうなるのか」ということを考えたことがあるのではないでしょうか。また、星空を見上げれば、宇宙の果てや始まりを想像したくなるかもしれません。カントは、こうした問いを人が抱く理由を説明するとともに、これには原理的に答えが出ないことを示しました。こうして、究極の真理を求めてきた、これまでの哲学の問いをいわば始末してしまったのです。

じつはこれらの問いは、人間が「考える」という営みを始めたときから、ずっと存在してきたもののようです。たとえば古代インドには「十難[*4]」（十個の難問）というものがあり、盛んに議論されていました。そこでは、世界は空間的に有限か無限か、時間的に有限か無限か、さらに魂と身体は同じか別物かという物心問題も取り上げられています。興味深いですね。

原始仏典のなかに、ブッダがこの難問を問われたときの話があります。「毒矢のたとえ[*5]」と呼ばれるエピソードです。ブッダ曰《いわ》く、いままさに毒矢が刺さって苦しんでいる人がそんな問題を考えるだろうか、そんなことを考えていたら死んでしまう、と。人間にとって大事なのは、その毒矢、つまり煩悩《ぼんのう》による苦しみを解決することであり、宇宙の果てがどうなっているかということや、死後も魂が生き続けるかどうかなんて、どうでもいいことだというのです。

実は、カントもブッダとよく似た考えです。答えの出ない問いは捨て置けばよい、大事なことは「よく生きる」ことだといって、道徳の問題のほうに哲学の軸足を移そうとしました。

では、神や魂の不死はどうでもよくなるかというと、そうではありません。『純粋理性批判』の終盤で、これらはふたたび取り上げられます。「神がいる／いない」ということは理論的には決定できないが、「よく生きる」ためには神や魂の不死を信じることが必要だ、という議論をカントはしています。神の問題を「いるか／いないか」という問いから切り離したうえで、「なぜ人は神を求めるのか」という問いに変換して復活させようとする、といってもいいでしょう。

そのさいもうひとつ重要な意味をもってくるのが、人間の自由意志についての議論です。第三のアンチノミーでは、いったん「ある」とも「ない」ともいえないと結論されましたが、自由がなければ道徳を語ることにも意味がなくなってしまいます。ですから、自由と必然の関係も取り上げられます。

こうして『純粋理性批判』の終盤では、よく生きること――これはカントでは道徳的に生きることを意味します――をめぐって、自由と必然の関係、神、魂の不死がふたたび取り上げられることになるのです。

＊1　『パイドン』

プラトン中期の対話篇。「魂の不死について」の副題をもつ。パイドンがエケクラテスを相手にソクラテス最期の日々を語る形式をとる作品。死や魂についての問答があり、イデア論が初めて理論的に展開される。

＊2　フリードリヒ・ニーチェ

一八四四～一九〇〇。ドイツの哲学者。キリスト教を近代ヨーロッパ文明堕落の原因とし「神は死んだ」として価値観の大転換を訴えた。二十世紀の思想界、とくに実存主義思想に大きな影響を与えた。主著は『ツァラトゥストラ』など。

＊3　質の異なるアンチノミー

第一・第二は数学的アンチノミー、第三・第四は力学的アンチノミーと呼ばれる。第一・第二で扱うすべての系列は基本的には同質なもの。ところが第三・第四アンチノミーは自由や神など異質なものを持ち込もうとしており、項目間に異質性があるので力学的アンチノミーとして分けている。

＊4　十難

十無記。原始仏教のパーリ語経典「マッジマ・ニカーヤ」（漢訳「中阿含経」）に出てくる言葉。ある弟子がブッダに「世界は永遠か、無常か」「世界は有限か、無限か」「霊魂と身体は同一か、別異か」「如来は死後に存在するか、しないか。存在しかつ非存在であるのか。存在もせず非存在でもないのか」という四種・十項目を問い、「答えを教えてもらえなければ、私は修行を止めて還俗します」と迫ったとき、ブッダは毒矢のたとえを語る。

＊5　毒矢のたとえ

たとえばある人が毒矢で射られたら、親族らは医者に手当てをさせようとするだろう。そのとき彼が「私を射た者は王族かバラモンか庶民か奴婢か、それを知らない間はこの矢は抜き取るまい」「私を射た者の肌は黒色か褐色か金色か、それを知らない間はこの矢は抜き取るまい」「私を射た矢の羽はワシの羽かアオサギかタカかクジャクかシティラハヌか、それを知らない間はこの矢は抜き取るまい」などといい出したら、彼は答えを知る前に死を迎えることになるだろう。

第4章——自由と道徳を基礎づける

それでも人間に自由はある?

私たち人間は、何を、どのように知ることができるのか。この問いに対するカントの答えを、三章にわたって詳しく見てきました。

彼の結論はこうです。空間・時間のなかに登場する物事や自然の法則は知ることができる。これは、互いに根拠を示しながら「正しさ」を検証し、客観性のある知として共有することができる。一方、それまで哲学が延々と探究してきた「究極の真理」については、その答えを知ることはできないと断じています。私たち人間に自由があるかどうかについても、「ある」とも「ない」ともいえないという結論でした。

カントの議論は、神や魂の不死の議論を終わらせるものでした。じっさい、カントの後に、これまでのように神の存在証明をする哲学者はほとんどいなくなってしまいます。古代ギリシアから連綿と続く哲学の営みは、かくして大転換を迎えることになります。

ところが、『純粋理性批判』にはまだ先があります。カントはこの本の終盤で、なんと「人間に自由はある」といいだすのです。いったいどういうことなのでしょうか。本章では、カントが神や魂の不死や自由のありなしを始末してしまった後の議論、小説でいえば最後の「どんでん返し」を見ていくことにしましょう。

第3章で述べたように、人間の理性には、世界の全体を「完全なもの」として知り尽くしたいという欲求がありました。さらにカントは、人間の理性が欲するものとして、もうひとつ指摘しています。それは「完全な生き方をしたい」というものです。つまり、「最高の善い生き方をせよ」と理性は命令を下すのです。

理性は、「完全なもの＝理念」を思い描く能力でした。その理念は、認識の面では実現されることはありません。しかし、人が実践（＝行為）するとき、理性は「完全な道徳的世界」という「実践的理念」にもとづいて「～すべし」と命令してくる、というのです。最高の善い生き方をまっとうして生きよ、ということです。

「そんな生き方は求めていないけどなあ」と反論する人もいるでしょう。「最高に充実した生を送りたいというのなら、まだわかるけど」と。

カントにとって、道徳的に生きることは、そのまま最高に充実した生を意味していました。しかしこれを激しく拒否する考えも後に現れてきます。代表者は十九世紀末の哲学者ニーチェです。生の充実と高揚《こうよう》は、恋愛や音楽、芸術（アート）、などの場面で現れるのであって、道徳ではないといいます。この点はまた後で考えることにして、まずはカントの言い分を聞きましょう。

カントは、道徳的に生きることを最高の生き方とするだけでなく、道徳的に生きるところにこそ人間の自由があるといっています。なぜでしょうか。

人間も生きものですから、たとえば喉が渇くと「水が飲みたい」という欲求が生じます。水が飲みたくなった原因は、喉が渇いたからです。これは因果律で説明がつきますね。言葉を換えれば、これは自然法則に縛られた現象であって、そこに自由はありません。

しかし人間は、こうした欲求の言いなりになるだけではありません。喉が渇いたからといって、隣の人のペットボトルを奪って飲んではいけない、と考えることができる存在です。それが正しい行動かどうかを考えて、みずからの行動を自分の意志で選ぶことができるのです。その点で、生理的欲求に従うほかないイヌやネコとは違います。

だからこそ人間は、他者を尊重しながら、社会の一員としてふさわしい道徳的行動を考え、選択することができます。こうして、理性的判断にもとづいた道徳的行動にこそ人間の自由がある、とカントはいうのです。

道徳が自由をつくる

もっとも、自由は理論的には人間が認識しえないもの、とされます。しかし実践し行為する立場からすれば、自然の法則に縛られない人間の自由があることを、私たちはみなわかっている、とカントはいいます。

――タチの悪いうそをついた人を、なぜ人々は非難するのだろうか。もちろん探せば、いろんな理由を指摘できるだろう（たとえば、力ある者から脅されてそうしたのかもしれません）。しかし、それを無視して理性による意志決定ができたはず、と人々は信じる。だからこそ、うそをついた人を非難するのだ、と。

このように、私たちは「実践」する立場では自由の存在を信じている、というのです。

ところで、「道徳的に行為する」というと、何か「正しいとされること」があらかじめ与えられていて、ひたすらそれに従うというイメージをもつ人がいるかもしれません。もしそうだとすれば、とても不自由ですね。しかしこれと、カントのいう道徳的行為は違います。

カントによれば、権力者や宗教者が「正しい」ということを無批判に受け入れて従うのは、権威のいいなりになっているにすぎず、道徳的な価値はまったくありません。そうではなく、権威や伝統の語るものが道徳的に正しいかどうかを主体的に吟味し、理性的判断にもとづいて行動を選択するところに自由はある、とカントはいいます。そして、他人の意見に無批判に従うことを「他律」（ヘテロノミー）、自分自身の主体的で理性的な判断に従うことを「自律」（オートノミー）と呼んで明確に区別しています。

つまり、カントにとって「自由に生きる」とは、人のいいなりにならず主体的に考える姿勢であり、そして主体的な判断に従って道徳的に行為することなのです。押さえておきたい点は、カントのいう自由とは「勝手気まま」「欲望の解放」ではない、ということです。自由とは「何が善いことなのか」（何が私の素質や能力を進歩させるか、何が他者の幸福に貢献するか）とみずからに問いかけながら生きるところにあるのです。

このような仕方で、カントのなかで道徳が自由と結びついていることがおわかりいただけたと思います。そして、ふだんの生活でも主体的な道徳的判断が大切であるという点については、多くの読者も納得してくださるのではないでしょうか。

しかし問題となるのは、道徳的に生きることがそのまま「最高の生き方」といえるか、という点です。音楽の練習に励む人は、道徳を求めているのではありません。音楽のもたらす感動を聴衆と分かち合うことを求めてがんばっているはずです。ところがカントの場合、道徳が唯一の最高価値になってしまっているところがある。

その理由を理解するには、時代背景を押さえておくことが重要です。伝統的に人の生き方に答えを与えてきたのは宗教でした。ヨーロッパではキリスト教ですが、近代に入ると、カトリックとプロテスタントの対立を背景に、キリスト教の求心力はすこしずつ失われていきます。そして何より「自由」の観念が一般化することで、伝統やしきたりと一体化した信仰はその力を失っていきます。

旧来の信仰に代わる、新たな生の目標を示す必要がある——これこそがカント道徳論の根底にある問題意識です。カントは、人間が範とすべきものを、宗教という枠組みからいったん切り離して、人間自身の理性の働きから基礎づけようとしたのです。

人間が立脚する二つの世界

ところで、第3章で取り上げた第三のアンチノミーでは、人間の自由は「ある」ともいえるし、「ない」ともいえる（正反の命題はどちらも成り立つ）と結論していました。ふたたびこの点に戻って、なぜ二つの命題が矛盾なく両立しうるのか、カントのいうところを確認しておきましょう。

カントの答えを一言でいえば、人間が「現象界」と「叡智界」という二つの世界に属しているから、ということになります。よくわからない言い方ですが、カントのいうところを聞きましょう。

まず、人間の行動を外から見れば——つまり、認識の対象（客体）とした場合は、すべて因果律で説明することができます。「脅されたから」「気の弱い性格だったから」など、さまざまな原因に規定されることで、うそをつくという結果が生まれた、というわけです。このとき、人間の自由を認めることはできません。このように、空間・時間を伴う「現象界」に属しているものとして人間を見るかぎり、人間には自由はありません。

しかし、行為している本人の立場からはどうでしょうか。あのとき、うそをつかないこともできた、と感じているかもしれません。そしてその人も、いつも他人の意のままになっていたわけではなく、自分がどう行動すべきかを主体的に判断して行為したこともあったでしょう。でもなぜ、実践的な立場からすれば、自由が「ある」のでしょうか。

カント認識論において、外から見た人間の行動は、空間・時間のなかで生じたことですから現象界に属します。しかし同時に、人間の心（魂）は、私たちが認識し得ない「物自体」の世界、叡智界にも属しているとされます。つまり、認識の対象（客体）としての人間は現象界に属し、その行動は自然法則で説明されるのに対し、実践の主体としての人間は叡智界に属しているので、その行動は自然法則を超えた「自由な原因性」でありうる、というわけです。

このように人間はこの二つの世界に属していますから、現象界での人間（認識の対象）について語るかぎり自由はなく、叡智的存在としての人間（実践の主体）について語るかぎり自由がある。こうして正・反二つの命題もどちらも矛盾なく説明できる、ということになります。

こうして、実践の主体としての人間を、カントは叡智界に属する自由な存在として捉えますが、しかし人を完全に自由な存在とみなしたわけではありません。実践の主体としての人間をカントがどう捉えたかを説明しておきましょう。

カントは人間の「認識」の構造を感性・悟性・理性の三層で説明しましたが、実践の主体として人間を見るときには、感性と理性の二層が判断や行動のベースになるといいます。

ここでの感性は、空間・時間的な直観を生み出す働きではなく、欲望や感情を捉える働きを指します。とかく私たちは「もっと欲しい」「サボりたい」といった欲望に引きずられますが、こうした特徴をカントは「傾向性」という言葉で表現しています。心があちこちに「傾く」わけですね。

こうした傾向性をもつ感性は受動的なものです。食べたい、眠りたいという欲望はいわば向こうから「やってくる」のであって、自分からつくり出したわけではありません。ですから、感性の欲望や傾向性のままに行動するかぎりでは、因果性に捕らえられたままです。

これに対して、「道徳的に生きよ」と命じるのが理性の働きです。人間は一方で、欲望と傾向性によって引きずり回されますが、それを理性でもって「正しい行為かどうか」と判断し、コントロールしようとします。

つまり人間は、いつも感性（欲望）と理性の二つによって引っ張られている存在なのです。生身の人間であるかぎり、感性からの影響を完全に脱することはできません。ですが、感性からの影響があっても、それに負けず理性の声に従うようになればなるほど、道徳的に進歩したことになるわけです。

このように、認識における理性と実践における理性とでは、意味合いがかなり異なりますので、カントは、前者を「理論理性」、後者を「実践理性」と呼んで区別しています。

どちらの理性も、それぞれ「理念」を描くという点では同じです。しかし、理論理性が「完全なる世界全体」を理念として思い描き、辿り着けなくてもその認識を目指して探求するのに対し、実践理性は「完全なる道徳的世界とそこでの生き方」を理念として思い描き、それをそのまま実現するように命じるという差異があります。そしてカント

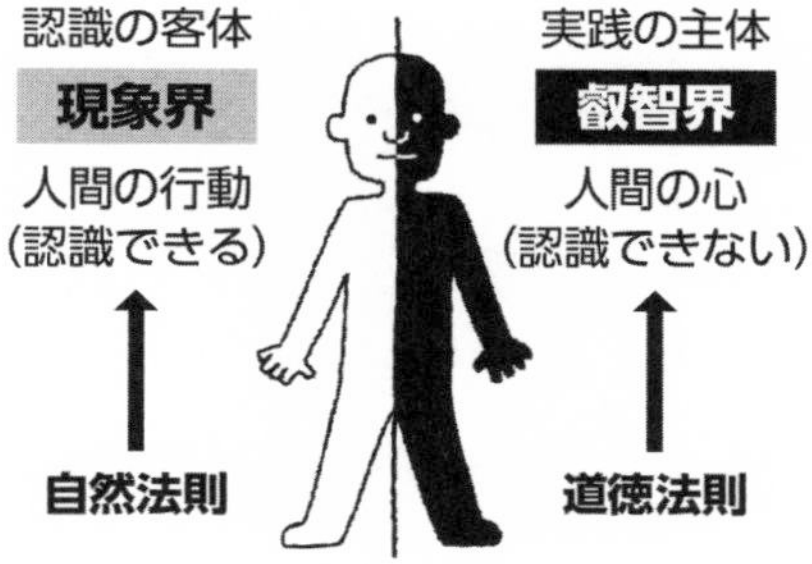
認識の客体
現象界
人間の行動
（認識できる）
自然法則
実践の主体
叡智界
人間の心
（認識できない）
道徳法則

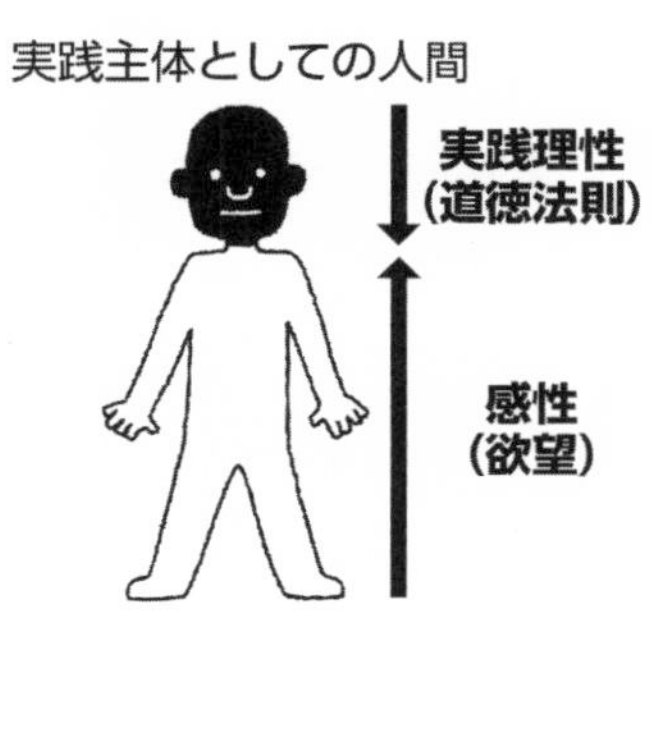
実践主体としての人間
実践理性
（道徳法則）
感性
（欲望）

は、道徳的行動を命じる実践理性をもっているところにこそ、人間の尊厳があるといいます。

「道徳的世界」の根本ルール

では、実践理性がその実現を命ずる「完全な道徳的世界」――これは感性的な現象界には存在しないものですから、叡智界に属します――とはどのようなものでしょうか。そしてそれが命ずる生き方（根本のルール）はどのようなものでしょうか。これについての『純粋理性批判』での説明は簡略なものですから、その後に書かれた『人倫の形而上学の基礎づけ』や『実践理性批判』の内容も含めて、カントの考えを説明してみましょう。

実践理性の描く道徳的世界とは、「理性的存在者（理性をもつ者）からなる国家」であって、そこに自分を含むすべての人間が所属しています。そのメンバーは対等で自由な存在であり、何よりも互いを尊重しあわねばなりません。道徳的世界は、皆が互いを尊重しながら平和に共存する世界なのです。

もっとも、この相互尊重が完全に実現された世界は、現実にはありません。その点でこれは「理念」です。しかし、この理念ははるか彼方《かなた》の目的ではなく、直接にいまここで、行為することを求めます。理性的存在者からなる国の一員としてふさわしくふるまえ、と。

このルールを「道徳法則」と呼びますが、その根本は同じでもいくつかの異なった表現型があります。そのうちの一つを引用してみましょう。

汝の人格の中にも他のすべての人の人格の中にもある人間性を、いつも同時に目的として用い、決して単に手段としてのみ用いない、というようなふうに行為せよ。

（「人倫の形而上学の基礎づけ」『カント　プロレゴーメナ・人倫の形而上学の基礎づけ』野田又夫訳、中公クラシックス）

人間は物ではなく、理性をもつ「人格」である。これを単なる手段としてはならない、とカントはいいます。たとえば、人を奴隷にするのはその人を物のように扱うことであり、単なる手段におとしめることですが、そうするのではなく、人格はつねにそれ自体として価値ある「目的」として捉えられねばならない、というのです。

ある人のなかにその人なりの想いや意志があることをつくづく感じると、その人のことを軽んじることができなくなる。そんな経験を皆さんもおもちだと思います。そのときのように、あらゆる人を尊重しなさい、ということです。たとえば、コンビニエンスストアでチョコを購入するとき、その店員さんはチョコを手に入れるための手段です。しかし店員さんをまったくの手段とみなしてはいけない、その人もまた自由な意志と想いをもつ「人格」であり、それ自体として価値ある存在だということを認めなくてはならない、とカントはいいたいのです。

ルールを普遍的なものにする

さて、この道徳法則のもっとも有名で代表的な表現は、『実践理性批判』にある次の一節です。

> 汝の意志の採用する行動原理（格律）が、つねに同時に普遍的立法の原理としても妥当するように行為せよ。
>
> （『実践理性批判1』、中山元訳、光文社古典新訳文庫、一部改変）

これを言い換えるなら、どんな人も自分なりのルールをもっているけれど、それが自分勝手なものになっていないか、絶えず吟味しつつ行動しなさい、ということです。

人がそれぞれもっている自分なりのルールのことを、カントは「格律」（マクシーメ）と呼びますが、これが「普遍的立法の定める原理として妥当しうるように」とはどういうことでしょうか。

あなたが何かをルールとするということは、例の「理性的存在者の国」全体に通用する普遍的ルールをつくる（立法する）ようなものだ、ということです。人間はしばしば自分勝手なルールをつくってしまいますが、それはほんとうに理性をもつ人間たちの国家のルールとして成り立つのか、と問いながら行為せよ、と道徳法則は語りかけてくるのです。

ひとつ例を挙げてみましょう。大事な試験が迫っているとします。試験対策が十分でない学生が「今度の試験はカンニングしてしまおう。いつも真面目にやっているから一度くらいいいだろう」と考える。そのときこの学生は「真面目にやってきた者には、たまの不正は許される」というルール（格律）をもっていることになります。しかしこれは自分勝手なルールであって、万人が採用できるような代物《しろもの》ではありません。

人格の尊重、そして皆が認めるルール――ずいぶん当たり前のことをいっているなあ、と思った方もおられるかもしれません。しかしまず、カントの道徳思想が、一人ひとりの人格（人権といってもいいですね）を尊重する点でとても近代的なものであったことが注目されるべきです。カントの生きていたプロイセンには貴族も王様もいました。そんな時代にカントの描く道徳的世界、つまり理性的存在者からなる国家は、きわめて自由で民主的な国でした。

もうひとつ、道徳法則は「権威」から下されるものではありません。人々が互いを尊重しながら共存することを命ずるものであり、あるルールが正しいかどうかは一人ひとりが自分で判断できるのでした。まさしく自由を基礎とした道徳論であるということができます。

ここでは詳しく述べませんが、このような道徳論に大きな影響を与えたのはジャン＝ジャック・ルソー[*1]です。どんな貧しい人でも身分の低い人でも、同じ人間である。そういう声をカントはルソーから聞き取りました。そして社会契約によってつくられる民主的な共和国の理想を素晴らしいと思った。フランス革命[*2]にカントが共感したのも当然ですね。

このように、ルソーが『社会契約論』[*3]で提起した対等で自由な共和国の理想を、道徳的世界として読み替えたところに、カントの道徳法則は成り立っているのです。

理性の究極の関心

ここでふたたび、『純粋理性批判』に戻りましょう。カントはこの本の終盤、「純粋理性の基準（カノン）」と題された章で、人間の理性は究極的にどんな問いに向かうかについて、次のようにまとめています。

①私は何を知りうるか
②私は何をなすべきか
③私は何を望んでよいか

理性の究極の関心はこの三点に集約される、とカントは考えました。このように「集約」してしまうところがいかにもカントらしいというか、哲学者らしいところだなあと思います。哲学者は何事も、要点＝原理に向かってキュッとまとめたいのですね。

それはともかく、①は理論理性の働きで、世界の正しい認識を求めるものです。「私が知りうる」のは、「空間」と「時間」のもとで直観された現象界のみ。直感されうる時空を超え出た究極の真理は、私たちは決して知りえないというのがカントの結論でした。

②は実践理性の求めるものです。「私がなすべき」は道徳的に行動することだ、とい

うのがカントの答えです。実践理性は易きに流れる感性の「傾向性」を諌《いさ》め、人間を完全なる生き方へと導きます。

わかりづらいのが③ですね。ときに「私は何を希望することが許されるか」とも訳されますが、カントはこの問いを「道徳的に生きることは何に値するか」と言い替えています。そしてその答えは「幸福」に値する、というものです。もっとわかりやすくいうと、道徳的に生きる人は幸福を得る資格がある、ということです。

ここで重要なのは、幸福になるための手段として、道徳的な生き方があるわけではないということです。あくまで道徳的に生きた結果として「幸福に値する」ことになるとカントは考えます。

そうしますと、すべての人が道徳法則に従って道徳的な生き方を実践することですべての人が幸福でもあるような状態、一言でいうと「徳福一致」の世界が究極の理想世界だということになります。ですから、先ほど出てきた「道徳的世界」は、皆が道徳的にふるまうだけでなく、皆が幸福でもある世界として位置づけられます。道徳の意味での善だけでなく、幸福の意味での善（よさ）をもあわせもった世界、ということですね。

しかしここで問題が出てきます。道徳的世界の一員にふさわしく、現実の社会を正しく生きたとしても、実際には幸福に恵まれないかもしれません。ではどうしたらよいのか？——カントには秘策がありました。ここでふたたび登場するのが、「神」と「魂の不死」です。

神の存在は「要請」される

いい人が幸せになるとは限りません。また、よい社会をつくろうと献身的に努力しても、その努力が報われないこともある。善行に必ずしも幸福が伴わない、「徳福不一致」の現実はいつの世にも存在します。そんな現実に直面して、人生に失望してしまう人や、「がんばっても無駄」と投げやりになる人もいるでしょう。

このような現実世界にあって、道徳的に正しく生きることを支えてくれるのが、神への信仰であるとカントは述べます。

よき行いをした人には、きっと神が幸福を保証してくれる（死後の世界での話かもしれませんが）。また、社会をよくしようと尽力してきた人が、たとえ志半ばで斃《たお》れたとしても、よい社会の実現を神が配慮してくれるに違いない——そういうことを人は信じざるを得ないというのです。

カントによれば、神とは、完全な道徳と幸福の実現を配慮する、叡智界最高の存在であり、「最高善」とも呼ばれます。思うにまかせない現実を配慮してくれる存在を信じるからこそ、人はがんばることができる。カントの表現では、「道徳的に生きよ」と私たちに命じる実践理性が神の存在を必要なものとして求める、つまり「要請」している、ということになります。

私は宗教的な信仰心をもちあわせていませんが、自分のわずかな努力が人々や世の中をよくすることにすこしは寄与できるのではないか、と心のどこかで信じています。そして、自分だけでなく、自分の知らない多くの人たちがこの世の中をよくするために努力していると信じています。神の存在ではなくても、何かを「信じる」ことがよく生きようとする意欲のためには必要だ、とカントの議論を受けとるならば、それはわかるような気がします。

ですから、カントは「神はいるのか／いないのか」という究極真理の問いは無用としつつも、「なぜ人間は神を必要としているのか」と問いを転換させることで、これを人間の生き方を考えるために有用なものへと再設定したといえます。みずからの手で抹殺した究極真理の問いを、人間が生きるという観点から問いなおすことで再生させたといってもいいでしょう。

同じように、魂の不死を信じることもやはり必要になるとカントはいいます。なぜでしょうか。現世で報われなくても善行に尽くした人は死後の世界で救済される、という理屈だとわかりやすいのですが、カントが強調するのはそこではありません。

いかに実践理性が「道徳的に生きよ」と命じても、しばしば人間は欲望に負けてしまうもの。だから人間は、みずからを道徳的存在として完成させるために死後も修練しなければならない、とカントはいいます。そのために、魂の不死を信じざるをえないというのです。

カントの主張もわからなくはないのですが、死んでからも道徳的完成を目指して精進せよといわれると、私などは正直、まいったなあと思ってしまいます。皆さんは、どうお感じでしょうか。

カントが思い描いた理想郷

『実践理性批判』の「結び」に、有名な言葉があります。

わたしたちが頻繁に、そして長く熟考すればするほどに、ますます新たな賛嘆と畏敬の念が心を満たす二つのものがある。それはわが頭上の星辰をちりばめた天空と、わが内なる道徳法則である。

（『実践理性批判2』、中山元訳、光文社古典新訳文庫）

ここで引用したのは、カントの墓碑にも刻まれている一節です。はるかなる宇宙と道徳的に生きることの価値を、並列して高らかに謳《うた》っているのがなんともカントらしい。

カントは、道徳的に生きるという新しい理想を示しました。あらためて確認しておけば、彼が実現すべき世界として思い描いていたのは、身分の上下がなく、すべての人が自由で対等な存在として尊重しあい、調和して暮らしている世界です。そこには明らかに、ルソーの自由な共和国のイメージが反映されていますが、カントは一国内での調和だけでなく、人類の調和まで射程に入れて考えています（『永遠平和のために』）[*4]。そして彼は、この「道徳的世界の一員としてふさわしく行為すること」を、新たな生き方の理想として、提示しようとしました。

この道徳論には、次のようなメッセージがあったと私は思います――「どんなに貧しくても苦しくても、心正しく生きよ。そこにこそ理性的存在者（叡智界の一員）としての誇りがあるのだ」。また、「自分が正しいと判断したことは、まわりの人がすぐに納得してくれなくても、それをとことん貫いて生きていけ」と。

カントの道徳思想は、社会のなかでの成功や富や評判にまどわされない、人としての最高の生き方を示すものであり、そして、新たな自由な生き方への呼びかけでもありました。
この思想に、ドイツの若い世代は感激しました。カントとフランス革命とは彼らのなかではひとつに結びつき、ともに人間の自由と尊厳とを示すものだと思われた。二十四歳の若きヘーゲルも、手紙のなかでこういっています。

ところで僕達は、人間の品位を高く評価し、人間を精神［精霊］と同じ列に高める自由の能力が人間にあることを承認することに、どうして今頃思いついたのであろうか。人類がそれ自体としてこんなに尊敬すべきものと考えられると言うことは、此の上ない時代の良い徴候だと、僕は思う。それこそ、圧制者達と地上の神々の頭から後光の蔭が消えると言う証拠なんだ。哲学者たちがこの品位を証明する。

（一七九五年四月、シェリング宛の手紙。『ヘーゲル書簡集』小島貞介訳、日清堂書店所収）

ところで、カントの道徳論は、決して滅《めっ》私《し》奉公《ほうこう》や自己犠牲を強いるものではない、ということも確認しておくべきでしょう。というのも、カントのいう「道徳的な生き方」には、自分自身への配慮が含まれているからです。他者の幸福を考えて行為するだけでなく、自分のことも尊重し、自分に与えられた素質を伸ばしていかねばなりません。それも大切な道徳的な義務である、とカントは述べています。

では、自分の幸福を目的とする行為についてはどうか。これは他人の幸福を妨げないかぎり許されるとしても、道徳的価値はないとされます。カントにとって「自愛」は道徳的ではなく、楽しさを味わうことには価値はないのです。

ですから、カントのこのような厳格な道徳性、とくに感性を否定して道徳のみを重んじる姿勢に違和感を覚える人たちが彼の同時代にもいましたし、十九世紀末にはカントを敵視するニーチェのような人も出てきます。皆さんのなかにも、「カントはまっとうな生き方を教えてくれる」と共感する人もいるでしょうが、楽しさを味わうことを軽視している点に疑問をもつ人もいるでしょう。私自身としては、カントが楽しさの味わいよりも道徳的に生きることを優越させた点で、やはり偏りがあると考えます。

しかしその道徳は、すべての人が調和して自由に幸せに生きられる世界を実現すべく行為せよ、というものでした。そして、人の生きがいの多くが、他者や社会への貢献から出てくる、ということもまた事実です。そのつどの楽しみは大切ですが、それだけでは人の生きがいにはなりにくい。「他者や社会によいことをする」ということが、人生を形づくる大切な価値のひとつであることは認めてよいのではないでしょうか。

カント最大の功績

そろそろまとめに入りましょう。

私は、カント最大の功績は、自然科学と生きる上での価値について、両方を見渡す哲学を築いたところにあると思います。

科学の知を絶対視すると、人間の生の独自のあり方は見失われてしまい、よりよい生き方など二の次になる。しかし、そもそも科学は現実世界の正確な写し（真理）ではなく、あくまで人間がつくったものです（もちろん一人でつくるのではなく、互いに議論しあってつくるわけですが）。一言でいえば、人間が先で科学は後なのです。「自然科学の信頼性はどこに由来するか」という問いも、「道徳など生きる上での価値はどこに由来するか」という問いも、ともに人間の主観を基点として考えなければいけない、というカントの発想はとても重要なものだと思います。

もちろん人間の主観は、思考の仕方や価値の感覚の点で人によって異なりますが、そこには共通する構造もあるはずであって、これを見いだすことで認識の信頼性や価値の根拠を明確にすることができる、というのがカントの戦略でした。この発想は古びたものではまったくなく、これからさらに発展する可能性をもったものだと私は考えています（この点については、次の「ブックス特別章」で詳しくふれたいと思います）。

この、人間の生から科学が生まれる、という見方は、現代にはびこるAI万能論にも一石を投じる視点です。シンギュラリティ[*5]をめぐる議論はすっかり一般的になりましたが、科学がすべてを説明してくれるという錯覚や、人間が考える必要は早晩なくなるといった風説も広がっています。「人間は一種の機械、すなわちきわめて複雑になったAIにすぎない」と思う人たちもいるでしょう。

はたしてそういえるのでしょうか？　カントの捉える主観は、感性と悟性で認識をつくり出すだけでなく「究極の真理」に憧れ、また生活上の必要を抱くだけでなく「よい生き方」を求めるものでもありました。

このような人間の「生」のあり方を正面から捉えることが、いま必要になっています。それによって、教育や医療などの「支援」（ケア）の仕事をよりよいものにすることや、科学技術の進歩を適切にコントロールすることもできるでしょう。一人ひとりがどうやって幸福に生きるか、どのように集団や社会を営めばよいのかにつながる「知恵」は、決して自然科学だけでは生まれてきません。

科学の知識は重要だが、それだけでは十分なものではないこと。なにより、人の生とそこでの価値を解明する必要があること――これが、カントがいまも私たちに発信しているメッセージであると思います。

道徳の理論的考察は可能か

もう一点、カント哲学の功績を指摘しておきましょう。それは、哲学の領域を「答えが出る領域」と「答えが出ない領域」とに明確に区分し、答えの出る領域に狙いを定めて議論すべきとした点です。

そこには、さまざまな疑問や問いについて、「これはほんとうに答えが出る問いなのか」「答えが出せないとすれば、どうすれば共有できる答えにたどりつけるような問い方になるか」というふうに、問いそれ自体を吟味するという発想があります。

あらかじめ絶対の「正解」を想定する（これは独断論になります）のでもなく、人それぞれの答えしかないと決めつける（これは相対主義になります）のでもなく、「人々が納得できる合理的な共通理解はどうやったら可能か」と考えていく。そういう姿勢をカントは示唆しています。

この姿勢が有用なのは、哲学の領域に限りません。国家間の関係でも身近な人間関係でも、考え方の違いから敵対してしまうことがよくあります。こうした軋轢《あつれき》は、しばしば自分こそが正しい（正解である）と思い込んでいるために、生じてきます。だとすれば、「共通理解に至るために何が必要か」と発想を転換することで、対立を緩和し克服していけるかもしれません。カントの哲学のなかには、こうした調和的な生き方のヒントも含まれているといえるでしょう。

もっとも、カントの哲学に課題がないわけではありません。最大の難点は、カントの道徳論について、私たちは何を根拠にして賛成したり批判したりすればいいのかわからない、ということです。

カント曰く、根拠を示しながら議論を重ね、合理的に共有できる知となりうるのは、「空間」と「時間」の枠組みを伴った現象界に現れるものだけです。道徳は、物自体の世界（叡智界）に属するものとされますから、人間には認識し得ない、ということになってしまいそうです。

実際には、道徳についてカントは多くを語り、それを証明しようとしているのですが、では私たちはどうやってその「正しさ」を確かめればよいのか、ハッキリしないのです。

カントの認識論についても似たような事情があります。感性・悟性という認識の構造についてカントは語りましたが、それが妥当なものであるかどうかを、どうやって人は確かめることができるのでしょうか。その点についても、カントは明確にしていません。
カントは主観という場面を設定したうえで、認識と道徳について大きな理論をつくり上げました。それらは哲学史上、最大の著作の一つです。しかし、「そのような哲学理論の妥当性を、私たちはいったい何を土台として議論し判断すればよいのか」という問題が後世に残されたのです。

共有知として哲学を蘇らせる

こうした問題点を指摘しつつ、カント哲学を発展的に継承したのがエトムント・フッサールの「現象学[*6]」です。彼は、カントによって叡智界に追いやられた道徳をふたたび現象に取り戻し、根拠を挙げながら議論する道を開きました。

そのさい、「現象」の意味合いをフッサールは大きく拡張しています。カントの考える現象は、「空間」と「時間」のなかで見たり触ったりすることに限られ、それについては共通理解をつくることができるとしました。しかしフッサールは、事物や事実だけでなく、道徳や自由、あるいは神についても、それなりの仕方で人は体験している（意識のなかに現れてくる）のであって、「現象」に属するものであるとみなします。

たとえば、面倒なことに首を突っ込みたくはないが、これは見て見ぬふりをするわけにはいかないと思うとき、私たちは道徳を体験しています。あるいは、神をこの眼で見ることはできませんが、神を信じる人が今日あったことや考えたことを神に語りかけるとき、その人はそういう仕方で神を体験している、ということができます。見たり聞いたりすることだけが体験ではなく、想像したり思考したり憧れたり祈ったり怒ったり、などのすべてが体験であり現象であるとフッサールはみなすのです。

このように考えれば、まったく体験できない物自体（叡智界）を想定する必要はなくなります。こうして、すべての物事は広義の意味での「現象」であるから、これを考察すればよいとして、物自体の世界をなくしてしまったのがフッサールの創始した「現象学」なのです。

意識されたこと（体験されたこと）を省みて、その内実をあらためて深く考えたり、体験がどのようにして成り立っているか（成立条件）を言葉にしたりしてみる。その言葉を受けとった人も、自分の意識体験に照らし、自他に相通ずるものがあるかどうか考えてみる。そうやって言葉にされた体験を交換しながら検討し、みんなに共通するものがあれば、それを客観性のある構造として取り出すことができる――フッサールはそう考えました。

実験・観察にもとづいて自然科学の議論ができるように、すべての体験を現象と考えてみると、体験の反省にもとづいて哲学を議論することができます。この方法をとれば、正義や美についての物差しが一人ひとり異なる理由や、それぞれに異なりつつも万人が正義や美の感覚をもっている理由を考えることができる。このようにして、認識や価値の問題を共有知として検討するのが現象学のめざすところです。これは、ソクラテスやプラトンが価値の根拠を対話のなかで吟味し、確かめようとしたことに、とても近いものです。

フッサール現象学は、物自体の世界を想定する点でカント哲学を批判していますが、人間の主観から出発して自然科学と人間の価値の両方を考えようとする点において、カント哲学の直系といえるでしょう。カントなくしてフッサールはありませんでした。

科学的な知や人間の価値の根拠を考えることは、今後、ますます重要な課題となっていくはずです。それについて最初に大規模で体系的な構想をつくり上げたのは、間違いなくカントであり『純粋理性批判』です。

私は、カントやフッサールから出発して、客観性をもって共有できる知として哲学を蘇らせたいと考えてきました。自然科学の方法はすでに広く定着していますが、哲学の方法が同じように普及していけば、価値という重要な領域に新たな地平が開け、よりよく生きるための知恵が生まれていくはずです。

哲学は専門家だけのものではありません。みなさんにも、ぜひその営みに参加していただきたいと願っています。

＊1　ジャン＝ジャック・ルソー

一七一二～七八。フランスの思想家・作家。ジュネーヴ生まれ。絶対王政下の専制と腐敗、社会の不平等と非合理をあばき、人民主権を主張。フランス革命に大きな影響を与えた。

＊2　フランス革命

絶対王政下のフランスでは聖職者（第一身分）・貴族（第二身分）たちが九割以上の平民（第三身分）を搾取・支配していた。一七八九年、第三身分の議員による国民議会の創設や、パリ市民のバスティーユ牢獄の攻撃が強行され、革命が始まる。

＊3　『社会契約論』

社会契約説は、十七～十八世紀のイギリスやフランスにおいて王権神授説に対抗して唱えられた政治理論。ルソーの説では、自然状態において人間は自由で平等だったが、のちに不平等が進展し圧制が生じた。そこで人民は自由・平等を回復するために社会契約を結んで国家を形成、そこでは人民が主権者であり、直接民主政にもとづく政治が行われる。

＊4　『永遠平和のために』

一七九五年刊行。七十一歳を迎えるカントが戦争の絶えないヨーロッパ情勢を憂い「永遠平和」の実現を願って世に問うた著作。彼が生きた時代（一七二四～一八〇四）のヨーロッパは戦争の連続であり、祖国プロイセン王国をはじめとするヨーロッパ列強は、離合集散を繰り返しながら戦いを続けた。一七八九年のフランス革命ののち、九九年に権力を掌握したナポレオンの戦争は、当初の革命防衛戦争から侵略戦争へと変貌を遂げた。カント死去の一八〇四年は、ナポレオン帝政の開始年でもあった。

＊5　シンギュラリティ

技術的特異点。ＡＩ（人工知能）が人間の知能を超える転換点のこと。ＡＩが人間の担ってきた知的活動を、人間よりも効率的に行えるようになるとされるが、それが人類の未来を豊かなものにするのか、あるいは人類に悲劇をもたらすのかは議論が分かれる。あと二十五年ほどでシンギュラリティを迎えるとする説があり、二〇四五年問題と呼ばれる。

＊6　現象学

現代哲学の主潮流のひとつ。フッサールの現象学はドイツのハイデッガーたちだけでなく、フランスのサルトル、メルロ＝ポンティをはじめとする多くの哲学者に直接・間接的に多大な影響を与えた。

ブックス特別章

なぜ認識論は必要なのか？

カントの『純粋理性批判』は、人間の「認識」を問うものでした。自然科学のように認識についての共通理解が成り立つ領域もあるが、神や死後の魂や宇宙全体については共通理解が決して成り立たないことを述べたのでした。

しかしなぜ、カントのように、認識を批判的に吟味するような知的作業が生まれてきたのでしょうか。近代哲学は、デカルトからスタートして、イギリス経験論（ロック、バークリー[*1]、ヒューム）、カント、二十世紀のフッサール現象学も、認識を中心テーマとしています。なぜ認識が彼らのテーマとなったのか、そして、それは現代を生きる私たちにとっても重要なテーマなのかどうか。そのことを、ここではあらためて深く考えてみたいと思います。

自分にフィットする哲学・思想を人は選ぶ

私が哲学を学び始めたのは二十一歳のころですが、じつは当時、認識論が大切だとはまったく思っていませんでした。

大学のゼミで初めて『純粋理性批判』を読んだときも、正直なところ「感性と悟性から認識が組み立てられるなんて話はめんどうくさいなあ」と感じていました。私が求めていたのは、自分に世界の真理や生き方の真理を教えてくれるもの、〝自分にガツーンとくるもの〟だったのです。

多くの人は、哲学や思想や宗教の本を読みながら、自分にフィットするものを求めています。苦しみを軽くしてくれるものや、自分のなかの鬱屈《うっくつ》したエネルギーを解き放ってくれるものを求めていることもあるでしょう。心地よい音楽やすごい音楽をさがすのにも似ているかもしれません。

そして、「これだ、これこそ真理、真実だ!」というものがみつかったとします。しかしそのとき、それが他者と共有できるものであるかどうかは、わかりません。あなたが信ずる真実を語れば語るほど、まわりの人は〝ひいて〟しまうかもしれない。また、自分とはちがう「真理」を信じている人がいるとすれば、その人とは対立し激論になるかもしれない。互いに近づかないようにする場合が多いかもしれませんが……。

そうなると、めんどうくさくなる。「〝わかっている人たち〟だけで話をしていればいいや」ということになりそうです。また、「何かの真理を信じている人は傲慢《ごうまん》で暴力的でかなわん」と思った人たちは、「結局人それぞれだしね」という姿勢になっていくでしょう。

そうなると、たくさんの「島宇宙」ができていくことになります。現代の日本社会を生きている人たちの多くは、「唯一の真理がある」などとは思わず、「自分にフィットする価値観で生きていけばいい」と思っているのかもしれません。

知識の共有はいかに可能か

これまでの話を整理してみましょう。「どこかに真理・真実があるはずだと信じ、それを発見したい」という姿勢を〈真理発見モデル〉と呼んでみます。素朴で、素直な姿勢ですね。

そして「真理を発見した！」と思って、それを語り出す。このように、「自分こそは真理をわがものにしている」と信じて疑わない姿勢を、〈独断的普遍主義〉と呼んでみます。自分が得たものは、どんな人にも通じるはずの真理＝普遍的な真理だと当人は思っているのですが、まわりからみれば独断でしかない。だから〈独断的普遍主義〉と呼ぶわけです。

しかしそこから、「真理」どうしの対立や、「真理」の暴力性が現れてくる。これに直面したとき、多くの人は「唯一の真理などない。人の価値観はそれぞれなんだ、押しつけちゃいかん！」と思うようになる。この姿勢を〈相対主義〉と呼びましょう。〈相対主義〉には「互いの価値観を認め合って、ケンカせずに平和共存しよう」という面がありますから、その点ではいいのですが、しかし弱点もあります。人は集団をなし社会をなして生きなくてはなりません。共に生きているかぎり、一定の事柄について合意し共有することも必要になってきます。

たとえば「共存のためのルール」。日本社会では「日本国憲法」がもっとも基本のルールですが、しかしその柱である「人権の尊重」や「民主主義的な意志決定」がなぜ大切なのかについて、明確な考えをもっている人は少ないと思います。ほんらいは、しっかりと議論され共有されるべきことですが、これがあやふやであるということは、私たちがよりよく共存していくうえで大きな障害になっていると私は考えています。この点には、また後でふれたいと思います。

そのほかにも、私たちは一定の事柄を、「絶対の真理」とまでは思わなくても当然共有しうること、とみなしています。自然科学の基本的な部分はそこに含まれるでしょうし、歴史や社会についての知識もある程度共有しうると思っているでしょう。

つまり私たちの共存のためには、ルール（規範）と一定範囲の知識の共有が必要になるはずです。しかし〈相対主義〉には、「どうやったら共有しうる規範や知識をつくれるのか」についての、基本的な考え方がありません。ですから〈相対主義〉から一歩踏み出す必要があるのです。

まず大切な考え方として、「一人ひとり異なってよい事柄」と、「よく考えれば、だれもが同意するはずの事柄」とを区別することが必要です。さらには、憲法のように「共存のために同意しなくてはならない事柄」もあることも認めなくてはなりません。

人権の尊重を土台とする「自由な社会」では、当然、一人ひとりの価値観と認識の〝多様性〟が尊重されます。しかしそれと同時に、「皆がよく考えれば同意するはずの知識・規範」という〝普遍性〟もまた存在しなくてはならないのです。

では、普遍的に共有されうる知識はどういう「条件」のもとに成り立つのか？　また決して普遍的に共有されえない領域は存在するのか？　――このような「問い」を哲学の歴史で明確に設定し、それに大規模な論立てでもって答えようとした人こそ、カントなのです。

さて、直接に「どこかにあるはずの真理」を求める〈真理発見モデル〉に代わって――この姿勢は真理どうしの対立を招くのでした――「この考え（問いと答え）は、普遍的に共有されうる条件をもっているか」と問う。このような問い方が認識論の核心なのです。この問い方を、認識の普遍性（共有性）の条件を吟味する、という意味で〈認識批判〉と呼ぶこともできるでしょう。

世界全体と生の意義について語る言葉

ここであらためて、カントが述べたことをふりかえってみます。

まず、空間・時間内で生じる諸事実や、事実間に成り立つ法則については、共有しうる合理的な知識が可能である、ということでした。つまり、自然科学は信頼できる知識として成り立つ、ということですね。もっとも自然科学は本質的に「仮説」ですから、ある時期に多くの人が賛同していた理論が、より多くの事実をより合理的に説明できるような新たな理論に取って代わられる、ということも生じます。とはいえ、自然科学が、多くの人がその妥当性を認める知識として成り立っている、という点については、私たちのなかにもほとんど異論はないと思います。

これに対して、世界の究極の姿――世界の空間・時間的な限界のありなしや、事物の分割の限界のありなし、世界を生み出す究極原因など――については、私たちはそれを知ることができない。しかし人がそれを求めてしまう背景には、「世界全体を知り、自分の生の意義をそのなかで位置づけて安心したい」という関心があることを、カントは指摘しました。また、大前提として「もっともっと先」「原因のそのまた原因」を問うことのできる、理性の推論の能力が人間にあることも指摘していました。

この、世界の究極とそこでの生の意義を知ろうとする「関心」が人間にはあること、それにもかかわらず、この問いについては決して普遍的な答えは出ない、ということを示したカントの論は、哲学史上で画期的なものであるだけでなく、現在でもそのまま通じるものです。

そのような、世界全体の究極的な真理を語る言葉を、いくつか挙げてみましょう。

〈一切を創造した神様は、一人ひとりをいつも見守っておられる。どんな苦難のさいにも、よき心をもって生きようとするか、と。／イエス様は人類の罪の身代わりになって、十字架にかかってくださった。だから、心から悔いてイエス様を信じれば、法律上の罪は償わなくてはならないとしても、どんな罪も許される〉

これはキリスト教の思想です。「なぜこんな苦しみのなかを生きねばならないのか」という嘆きや、「取り返しのつかない罪深いことをしてしまった」という後悔を抱えている人に対しては、これはまさしく救いの言葉として受けとめられるかもしれません。

宗教的な世界観には、次のようなものもあります。

〈人の魂は何度も生まれ変わっている。一回ずつの人生は、魂の修行のためのプロセス

なのだ〉

スピリチュアルなことを好む人たちが、よくこういいますね。この言葉を「そうにちがいない!」と思う人の背景には、「なんのために生きるのか」(生の意義と使命)をはっきりさせたいという気持ちがある。さらに、生の真実の使命は、富や名誉や社会的な成功を得ることではないはずだ、という直観がある。ひょっとすると、富や名誉を誇る人たちへの反感があるかもしれません。

世界と生を包括的に語ろうとする言葉のなかには、自分が被っている困難に対して、その原因である「敵」を名指しするものもあります。たとえば次のように。

〈最大限の利益を求める資本の運動は、一方で富を集積し、他方で弱い立場の人々から収奪している。そして、環境破壊をもたらしている。資本の運動を止めることが、人類の未来のためには必須なのだ! 国家も大企業と連携して、収奪の装置となっている〉

これはマルクス主義の世界観です。カール・マルクス[*2]は、資本の運動が世界をダイナミックに形成することを指摘した点で、優れた社会科学者でした。しかしマルクス主義には、世界のあり方と人間の使命を包括的に語る「唯一の真理」になってしまった面があります。マルクス主義者は「資本と国家は根本的に悪なのだ」と信じており、「資本と国家をよりよい仕方でコントロールする可能性はないのか」という問いかけには進んでいかないのです。

右翼思想や陰謀論も、悪を名指しするとともに自分たちの正当性を主張するものとなっています。カルト宗教も基本的にはそうなっていますね。

このような思想を〈対抗主義〉と私は呼んでいますが、ここには危険性があります。なぜなら、このような言葉には、悪を攻撃して自身の苛立《いらだ》ちを発散する快や、自身の正当性を確かめ同志を見いだすという快が伴っていますが、自分たち以外の視点や生き方を決して認めようとしないからです。そして極端な話、「悪は殺してもいい」ということにもなりかねません。「各人の思想信条の自由を認め合って平和共存しよう」という、現代社会の基本的な約束を壊しかねないところに、〈対抗主義〉の大きな問題点があります。

「自由な社会」の市民として

いま語ってきたものはすべて、「世界全体を包括的・根源的なところから語り、そのなかで個々人の生の意義・使命を与えようとする」ものでした。これらは苦難の意義や、なんのために生きるかの答えや、苦しみの責任について語ることで、それを信ずる者を元気にさせるところがあります。しかしここには決して普遍的な回答はありえない。

つまり、当人にとっては大切な真実であるとしても、外からみれば、極端にいえば「その人の趣味」にすぎないのです。ですが、「これはだれもが信じうることではない」（普遍的な同意のための条件をもたない）とよくわかりながら、「自分としてはそれを信じて生きていく」。これはそれでよいのです。そのような姿勢を否定する権利はだれにもありません。

もう一度、繰り返します。どこかに真理があると信じ、それを入手したい、あるいは入手した、と信じる姿勢（真理発見モデル）は、真理どうしの対立を招くのでした。

これに対して、この認識はほんとうに普遍性があるのか。より正確にいえば、さまざまな状況と価値観のなかを生きるどんな人たちも賛同するはずだ、といえるか。それとも、この認識は普遍的なものといえる条件を欠いているか。

このような意味での〈認識批判〉の姿勢は、私たちが「自由な社会」の市民として、つまり、各人の自由を認め合って共存しながら、必要に応じて協力しつつ生きていこうと意志するならば、必要になってくるものです。

この認識批判の姿勢をもっと詳しくいうと、次の二点になるでしょう。

第一に、ある認識が自分を惹きつける（あるいは反発させる）のはなぜかと問うこと。カントが、宇宙の究極的な認識を求めることの背後に主体の「関心」を見いだしたように、私たちもそこに惹きつけられる理由を問い直してみることができる。それはときに深い自己理解につながってきます。これを「内側への問いかけ」と呼ぶことにしましょう。

第二に、その考えが普遍性をもつか否かを検証してみること。この考えは、さまざまな条件と価値観をもって生きている人たちが――もしその人たちが落ち着いて考えることができるとすれば――やはりそのとおりだと認めるような普遍性があるか。このような「外側への問いかけ」もまた大切です。

この第二の問いかけは、「この考えは～という条件が足りないから、だれもが認めるような普遍性はもたないなあ」というふうに考えるわけですが、これは「ある考えや命題が普遍性をもつにはどのような条件が必要か」という、より一般的な問いになってきます。〈認識批判〉の姿勢を一言でいうとすれば、この問い方になります。

認識を社会からみる　歴史的・発生的にみる

カントやフッサールは、認識を問うさいに「主観」から考えます。

しかしカントのすぐ後に、認識を社会的視点から見つめ直し、またそれが歴史的にみてどうやって成り立ってきたかを問う見方が出てきます。カントと同じくらい巨大なドイツの哲学者ヘーゲル[*3]によるものです。

カントは、認識が客観的で普遍的なものとして成り立つのは、どの主観にも共通な「ア・プリオリ」な規格が備わっているからだ、と考えました。空間・時間という直観の形式と、量や因果性のような思考の枠組みであるカテゴリーですね。

しかしそれらのカテゴリーも、じつはア・プリオリなものではなく、時代の進展や個人の成長によって次第に形成されていくもの、とみることができそうです。そして、そのような考え方をした哲学者こそ、ヘーゲルでした。

ヘーゲルの視野は社会と歴史に向かって大きく開かれていました。近代になって、イギリスに名誉革命が起き、アメリカが独立戦争に勝利します。そしてフランス革命が続きます。思想の面でも、イギリスにロック、フランスにルソー、ドイツにカントが出て、自由な生き方と自由な国家の思想をつくっていきます。ヘーゲルはこうしたことは偶然ではなく、「時代の精神」の巨大な動きから生み出されたものだと考えました。

個々人の主観は、他者や社会から切り離されて完全に独立したものではない、と彼は考えます。あらゆる動物や植物や昆虫、つまり個々の生命体はすべて、大きな生命から分かれたものであって、だからこそたえず影響しあっている、と考えることができますが、これと同じように、個々人の主観は「時代の精神」から分かれたものであるとヘーゲルはみなすのです。

超個人的な「精神」は、歴史のなかで発展していきます。最初の段階では、共同体が圧倒的に優位で、一人ひとりは共同体の役割を担う存在という意味しかなく、自由に思考しふるまう「個人」は存在しません。しかし次第に、自由の意識をもつ個人が析出《せきしゅつ》されていきますが、それは共同体と対立することになります。個人と共同体とが対立する長い時期を経て、ついに自由な個人が自覚的な共同性を取り結ぶ「自由な国家」が成り立ってくる。

精神はいままさにこのような時点にあって、ロックもルソーもカントもフランス革命も、このような精神の歴史的な発展のなかで初めて理解される、とヘーゲルは考えたのです（ヘーゲル『精神の現象学』一八〇七年）。

このようなヘーゲルの視野からみるとき、「個人の主観」だけで認識を問うのは、「社会的視点」を欠いたものであってダメだ、ということになります。また、個人にとってア・プリオリに与えられているようにみえる思考の枠組みも、社会の歴史的発展や個人の発達のなかで形成されてきた（発生してきた）ものとして捉えられます。そうなると、認識の仕方についても「歴史的・発生的視点」が不可欠ということになってきます。

このような視点からみると、主観から考えるカントのような見方はいかにも「古くさく」みえてきます。そしてこの傾向は、社会学や社会科学の認識が一般化してくると、ますます進みます。

ヘーゲル学派から登場したマルクスは、社会を動かす原動力を「精神」ではなく、「経済」だと考えました。そして、宗教や国家の制度、そして人々の意識のあり方も、その時代の経済のあり方に対応したものとみなします。マルクスは社会学の古典ともされますが、個々人の意識のあり方は社会のあり方を参照しないことには理解できない、ということになったのです。二十世紀後半のポスト・モダン哲学の代表者の一人、ミシェル・フーコー[*4]も、やはりこの点では同じように考えます。

さらに、二十世紀の末から現代にかけて人文・社会科学を席巻した大きな潮流として「社会構築主義」というものがあります。これはポスト・モダン哲学とウィトゲンシュタイン[*5]の言語ゲーム論とを下敷きにしたものですが、先ほどの〈独断的普遍主義〉を批判しようとするモチーフから立ち上がってきたものです。つまり、人々が普遍的なものと思い込んできた見方や価値観を、社会のなかで「構築されたもの」にすぎないとして批判するのです。

たとえば、自然科学は自身の語ることが一定の客観性・信頼性をもっていると自負していますが、これに対しても、「科学はあくまでも西欧的な伝統をもつ人々のあいだで構築されたものにすぎず、別の伝統をもつ人々に通じる普遍性などない」と社会構築主義はみなします。同じように、ジェンダーについてこれまで人々が創りだしてきた観念も社会的な構築物にすぎない、ということになります。

このように、社会科学的な見方や社会構築主義的な見方が一般化することによって、主観から認識を考えようとするカントやフッサールの哲学は、一時期は完全に時代遅れとみなされたこともありました。

では、「主観」という場所から認識を捉え直すことは、いまでも何らかの意義があるのでしょうか？　あらためてこの問題を考えてみましょう。

認識の正しさを判定する〝現場〟は「主観」である

先ほどいいましたように、社会や歴史という広い視点から物事をみるようになると、小さな主観のなかみをいろいろ考えても無意味だという感じがしてきます。

しかし、あらためて考えてみたいのは、こんな事情です。社会についてのある見方を耳にしたとき、「なるほどそうだったのか！」とか「うーん、これはちょっと偏っていないか？」と思うのは、一人ひとりの「主観」だ、ということです。

カントが語ったように、自然の法則や神のことを考えるのも主観ですが、社会や歴史のことを考えるのもやはり主観です。そして、社会や歴史についての情報や学説を「これは正しい」とか「ちょっと怪しい」というふうにして、それらの妥当性を最終的に判定しているのは「私＝主観」なのです。主観は、あらゆる認識を「正しい」「怪しい」等々として妥当させている現場だということができます。

ですから、先ほど述べた「認識批判」のやり方が、そのまま社会や歴史についても成り立ちます。つまり、ある論者の〝語り〟について、それがなぜ私に「正しい」とか「おおむねあっていそうだが、このあたりはどうか」などと感じさせるのかを、私の内側に向かって問うことができます。

そしてまた、社会を生きるさまざまな立場と感受性をもつ人々を想定しながら、この見方は公平なものかどうか、と外側に向かって問うてみることができます。

さらにもう一つ加えてみたいのですが、社会について語る人が抱いている価値観を取り出して検証してみることも大切です。その人はどんな事情のもとでどんな価値観を抱いているのか、そしてその価値観は普遍性と公平性をもちうるか、と考えてみるのです。

この点については、社会学者のマックス・ウェーバー[*6]がとても重要なことを言っています。彼はカントの道徳論を高く評価しながら、およそ次のようにいうのです。——社会政策を検討するときには、その政策の背景となっている根っこの価値観（価値公理と彼は呼びます）を明確に取り出してみて、それが、はたしてこの社会を生きる人々が受け入れられる普遍性をもつか、と問うてみなくてはならない、と（ウェーバー『社会科学と社会政策にかかわる認識の「客観性」』一九〇四年）。

なぜそんなことをウェーバーが言うのか、というと、極端に理想化されてしまって、現実に社会を生きる多くの人々には受け入れがたい価値観を奉じる人もいるからです。現代の例でいえば、「男女の性別（ジェンダー）じたいをなくしてしまえばいい」という見方があります。そうすればジェンダーをめぐる悩みも差別もなくなる、と考えるからでしょう。しかしこれはもう、人々が担うことのできない極度に理想化された価値観になってしまっている、と私は考えます。

ウェーバーは、「汝の格律は普遍化しうるか」と問うてくるカントの道徳法則を、「社会についての価値観」について適用し、その普遍性を検証するものとして読み替えたことになります。市民の共生ということを考えたとき、とても重要な考え方といえるでしょう。

「ともに生きている」と信じているからこそ、社会を考える

ここであらためて考えてみたいのですが、そもそも「私」は、社会についての情報や知識をなぜ必要だと思うのでしょうか。

それは、「自分は社会のなかに生きている」と信じているからです。つまり、自分の知らない人たちがたくさんいて、その一人ひとりに想いがあり人生がある。そういう人たちとともに自分は生きている。こう「私」が信じているからです。

だからこそ、ニュースで新しい政策を耳にするとき、自分と家族に直接に関わることでなくても、「その政策だとひどく困る人が出てきはしないか」と思ったりするのです。なぜなら、「社会はなるべく公正なものであってほしい。法律や政策はさまざまな立場の人たちを考慮したものであるべきだ」と私が考えているからです。「私の価値観は偏狭なものになってしまっていないか」と思ったりするのも、やはり同じところからきています。「社会の人々のよりよい共存」という観点のもとで、私は法や政策のよしあしや、自分の社会に対する価値観のよしあしを考えているのです。

つまり、「社会についてよく知ったり、社会的視点から自身の価値観を検証したりすること」の必要性は、「私＝主観」のなかにあることになります。

カントはもっぱら自然認識について語り、社会認識については語っていないのですが、〈社会認識の必要性はどこにあるのか。また、ある社会についての認識が人々に根拠あるものとして同意されるための（普遍性をもつための）条件は何なのか〉ということを、カントにならって「主観」のなかに求めることができるはずです。*7

「共存の作法」としての認識批判

カントが『純粋理性批判』で打ち立てた「認識批判」という思想は、多様な人々が共存する「自由な社会」において、大切な考え方であることを述べてきました。

あらためて整理しておけば、まず、次のことを区別することが必要です。普遍性（共有性）をもちえない考えと、普遍性をもつ考えとがあること。また、共存するために共有しなくてはならないルールや仕組みもあること。より一般的な言い方をすれば、「ある認識や価値観について、それが普遍性をもつための条件を備えているかどうか」を吟味することが、認識批判でした。

この「普遍性の条件」を考えてみるならば、普遍性をもちえない種類の考え（問いや答え）については、異なる信念を認め合って平和共存するしかない、ということがハッキリします。

一つ例を挙げてみましょう。二〇二〇年ごろ、「新型コロナウイルスのｍＲＮＡ型ワクチンは安全か否か」について研究者のあいだで論争があり、市民レベルでも対立がありました。「ワクチンを打たないなんてとんでもない。それはウイルスの感染を拡大させることであって、無責任きわまりない」と語る人もいれば、「ｍＲＮＡ型ワクチンを接種すると、その後きわめて大きな危険にさらされる。ワクチン接種を推進した人たちはその責任をどう取るのか」と語る人もいました。

このとき私は、少なくとも市民レベルで考えたときには、ワクチンの安全性について普遍的な判断は成り立たないと考えました（今後、科学的に決着がついていく可能性はもちろんありますが、あくまでも当時の状況を念頭においてください）。

もし私と同じように、双方が「この問題については普遍的な共通理解のための十分な条件がない」と考えるようになったとします。すると、相手を非難する必要はなくなります。危険性があると信じる人とないと信じる人の双方がいることを認め合って、互いに平和共存する仕方を考えるしかない、ということになります。このような意味で、認識批判の姿勢は、市民の共存にとって重要な「作法」といえるのです。

主観の哲学を発展させるために

カントの哲学には認識批判の面だけでなく、もう一つ重要な面があります。「価値」について語ったことです。科学の世界像だけでは足りない、と彼は考えました。人は生きることをどのように考え、どのような態度をとっていけばよいのか。また、科学とそこからもたらされる技術とをどうやって人は有意義に使っていけばよいか。それらが問われている現在、価値について正面から語ろうとした点には、大きな意義があります。

そのさいカントは「認識と道徳については、どの人間にも共通するあり方を見いだすことができるはずだ」と考えていました。そして、この「人間性に共通するもの」のことを「ア・プリオリなもの」と呼んだのでした。

このような「人間性に共通する認識や価値」は、はたして存在するのでしょうか。また、存在するとしても、それはどうやって確かめることができるのでしょうか。カントの主観の哲学を発展させるためには、この問題を考えておかなくてはなりません。

まず、正義や美を考えてみましょう。その「基準」(何が正しいか、何が美しいか)には時代や社会や個人によって多様性がありますが、正義の感覚や美の感覚をまったくもたない人は考えにくい。正義や美という感覚をもつことには普遍性があると考えてよさそうです。また感情の動きについても、「人前で失敗すると恥ずかしい」「ほめられるとうれしい」「バカにされて悔しい」「だれかを好きになる」というようなことには、ある程度共通のものがありそうです。

　では、正確に「どういう点が共通しているのか」「それはなぜ人間性に共通するものとして成り立っているのか」(たとえば正義や美の感覚をなぜ人はもつのか)を確かめるにはどうしたらよいのでしょうか?　このことを深く考えた人が、フッサールです。

　彼が提案したやり方を、一つ紹介してみましょう。

　たとえば「正義とは何か」を考えたいとします。そのためにはまず、正義やその反対の不正や悪についての体験をいろいろと思い出したり想像したりしながら、正義・不正・悪がどんなことを意味するかを絞り込んでいきます。

　正義という言葉からすぐに思いつく具体例は、スーパーマンのようなヒーローとか、警察や裁判官でしょう。いじめを止めさせた友人を思い出す人もいるかもしれません。そしてそれらに共通する意味は、「悪や不正を罰したり、防いだりすること」といえるでしょう。

　しかしこれは、正義という言葉の意味を包括してはいません。なぜなら、普通に守るべきことをしているだけの行為もやはり〝正しい〟行為であって、正義にかなったものといえそうだからです。なんらかの行為やルールのもつ「守るべき正しさ」という感覚についても、私たちは「正義」と呼んでいることがわかります。

整理してみましょう。人が互いに関わって生きていく以上、一定の「守るべきこと」が生まれてきて、そこに「正しい」という感覚が結びついてくる。これが、正義の観念のおおもとです。しかしこの「正義＝守るべき正しさ」は、ときに毀損《きそん》される。悪や不正です。これを放置するわけにはいきません。そこで、この悪や不正を罰して秩序を回復する行為が必要となり、それは強い意味で「正義の行為」とされることになる。

以上をお読みになって、皆さんはどうお感じでしょうか。皆さんの体験と符合するでしょうか？　以上はフッサールが示したやり方に従って私自身が試みたものですが、そのやり方の要点はこうなります。①さまざまな体験例や想像した例を出し、それらに共通するものを絞り込んで言葉で記述する。②その記述の確かさを、他の人は自分の体験に即して検証する。このような仕方でフッサールは、哲学を普遍性のあるものにしようとしたのです。

多様性の時代と哲学

私たちは人・金・モノ・情報が絶えず行き来するグローバルな世界に生きています。多様な文化的背景をもつ人たちがすぐそばにいるというだけでなく、日本生まれの日本人であっても、各人の興味や生き方上の価値観はきわめて多様化しています。しかしそのことは、かつて権威や習慣によって保たれていた秩序が成り立たなくなり、さまざまな場面で対立や衝突（コンフリクト）が起こりやすくなっている、ということでもあります。

たとえば、子どもの教育に関して、学校と親はどのように役割を分担し、どのように協力しあうべきなのか。学校は子ども一人ひとりの素質や能力のちがいをどのように・どこまで配慮すべきか。このようなことは、かつて〝なんとなく〟共有されていたのですが、もうそういうわけにはいかなくなっています。

親たちの価値観は多様であり、学校に期待するものも異なります。教育と学校の位置づけについて社会全体で議論し、ベースとなる共通理解をつくっていく必要がありますし、具体的な現場でも、親と教員と子どもたちが、学校はどうあるべきかについて、そのつど確認しあう必要があるでしょう。

さらに、「教育と学校はいかにあるべきか」の土台を支える、より根本のこととして、「私たちが共存するうえで、どのような社会が望ましいのか」についての共通理解をつくる必要があります。望ましい社会のあり方と教育とは切り離せないからです。あらためて「国家とは何か」「地方自治とは何か」が問われる必要があるでしょうし、憲法の柱となっている「人権」「民主主義」の意義についても問われなくてはなりません。現在が多様性の時代であるからこそ、私たちが共存するさいのルールや仕組みについて、ベースとなる共通理解を育てる必要があるのです。

もう一つ、多様性の時代は、「生き方のかたち」があらかじめ与えられない時代でもあります。一人ひとりが、自分をどう理解し、どのように自分・他者・社会に関わっていけばよいのかを考えなくてはなりません。

そのような時代だからこそ、「他者たち」はどう感じ考えているのか、そもそも「人」はどんなときに喜びを感じ、何を求めて生きているのか（人間とはどんな存在なのか）を知っていくことが役に立ちます。

「よりよき共存の仕方とは」そして「人間とはどんな存在なのか」について、フッサール現象学の方法を用いながら、対話しつつ理解を深めていくことが可能であると私は信じています。多様性を認めながら、皆が納得できる普遍的な共通理解をつくりだすこと。カントからフッサールへと至る主観の哲学は、哲学を皆のものにする可能性を拓いているのです。

＊1　バークリー
一六八五〜一七五三。アイルランドの哲学者、聖職者。存在することは知覚されることであるとする主観的観念論を唱えた。主著に『人知原理論』など。

＊2　カール・マルクス
一八一八〜八三。ドイツ生まれの哲学者、経済学者、革命指導者。四八年エンゲルスと共に『共産党宣言』を執筆、四九年ロンドンに亡命。極度の貧困のなかで研究を続け、六七年に『資本論』第一巻を刊行。第二巻・第三巻はマルクスの死後、エンゲルスの手で編集され刊行された。

＊3　ヘーゲル
一七七〇〜一八三一。ドイツの哲学者。ある物事について正（テーゼ）・反（アンチテーゼ）の二元論で考えるのではなく、止揚（アウフヘーベン）によって合（ジンテーゼ）＝よりよい解決法を探ろうとする弁証法で知られる。主著に『精神の現象学』『法の哲学』など。

＊4　ミシェル・フーコー
一九二六〜八四。フランスの哲学者、歴史学者。科学史・思想史における認識論の分野を開拓し、知と権力を考古学的に考察、大きな業績をあげた。主著に『狂気の歴史』『言葉と物』『知の考古学』など。

＊5　ウィトゲンシュタイン
一八八九〜一九五一。オーストリア出身の哲学者。第一次大戦ではオーストリア軍に志願。終戦後、ケンブリッジ大学にて博士号を取得。同大学教授となり、イギリス国籍を取得。言語の分析に終生取り組み、論理実証主義と日常言語学派に大きな影響を与えた。主著に『論理哲学論考』『哲学探究』『確実性の問題』など。

＊6　マックス・ウェーバー
一八六四〜一九二〇。ドイツの社会学者、経済

史家。広汎な知識と鋭い分析力によって、法学、政治学、経済学、社会学、宗教学、歴史学などの分野で業績を残した。主著に『プロテスタンティズムの倫理と資本主義の精神』『職業としての学問』『職業としての政治』など。

＊7　カントに……できるはず

これは遠からず、しっかり論じてみたいと思っています。その前段階のものですが、〈社会〉という対象が意識主観にとって何を意味するかを論じた「社会の現象学」の試みが、西研『哲学的思考――フッサール現象学の核心』（ちくま学芸文庫、二〇〇五年）の第7章にあります。

カント哲学を読むためのキーワード集

（五十音順）

協力：斎藤哲也

ア・プリオリ

もともとラテン語で「〜より先に」の意味をもつ。カントはこの意をふまえ、「経験に先立つもの」「経験によらないもの」の意味で用いた。反対語は、ア・ポステリオリ（「〜より後に」が原義）で「経験から得られるもの」の意。カントは、経験のみでは普遍的な知識は得られないと考え、経験に先立つものとして、感性や悟性の働きを考察した。すなわち、人間が対象を客観的に認識するためには、感性と悟性それぞれにア・プリオリな形式が備わっていなければならないと考えた。

ア・ポステリオリ

→右項を参照。

アンチノミー

たがいに矛盾する命題が、同時に正しく論証されてしまう事態のこと。『純粋理性批判』第一版の序言冒頭でカントは、人間理性には、自分では退けることもできず、かといって答えることもできない問題に悩まされる特殊な運命があることを指摘している。そして「超越論的弁証論」と題されたパートでは、上記の問題として、①宇宙は無限か、有限か、②物質を分解すると、これ以上分解できないという究極要素に至れるか否か、③人間に自由はあるのか、それともすべては自然の法則で決定されているのか、④世界には、いかなる制約も受けないものが存在するのか否か、という四つのアンチノミーが提示される。

叡智界

プラトンのイデア界に根をもつ概念。伝統的には、現象界は感性が対象とする世界であるのに対して、叡智界は知性でしか捉えられない超感覚的な世界のことをいい、可知界、英知界などとも訳される。カントはこれを、人間の理性的な認識が及ばない「物自体」の世界として捉え直した。

格律

自分が行動する際に採用する、主観的な規則や方針のこと。「格率」と記されることもある。

カテゴリー

日本語では範疇と訳される。哲学史的には、アリストテレスのカテゴリー論が古代、中世を通じて哲学上の重要な論点となった。アリストテレスによれば、個物（個々それぞれの物）のあり方は、実体（それが何であるか）、量、性質、関係、場所など、十種類のカテゴリーに分けることができる。カントは、このカテゴリーという考え方を悟性の形式として考えた。すなわち、悟性には「量」「質」「関係」「様相」という四種類に区分される十二個のカテゴリーが備わっていると論じた。人間の認識は、感性の空間・時間の形式と悟性のカテゴリーとの協働によってはじめて成立する。

感性

一般的には、五感を通じた感覚能力のこと。英語では「sensibility」。カントの場合、感性は事物の感覚印象をそのまま受け容れるのではなく、空間と時間の枠組み（形式）に従って整序し、認識の素材とする働きをもつ。

経験概念

人間が経験を通じて獲得する概念のこと。人間の知識のほとんどは、経験概念である。たとえば、「熱い」「冷たい」「本」「道具」などの概念は、すべて経験を通じてしか得ることができないという意味で、経験概念である。

形而上学

神の存在や魂の不死など、経験や感覚では捉えることのできない物事も含め、あらゆる「存在」の根本を問う学問。アリストテレスが「第一哲学」と呼んでいた講義録が、編纂の過程で『自然学』（フィジカ）の後（メタ）に配置され、『メタフィジカ（自然学の後に来るもの）』と題されたことに由来する。カントは、神の存在や魂の不死など従来の形而上学の問いが人間の理性では解答できないことを『純粋理性批判』で論証した。しかし形而上学をすべて葬り去ったのではなく、『純粋理性批判』は認識と存在の根本を問うものであるとして、これ自身を新たな形而上学とみなしている。

現象界

古代ギリシアのプラトンは、人間の感覚に現れる世界を現象界と呼び、永遠不変の実体であるイデアが存在するイデア界と対置した。こうしたプラトンの区分は、その後の哲学や神学の基本的な枠組みを形づくることになった。「感覚界」と同義。カントのいう現象界も、真実在の世界である叡智界と対比された、人間の主観に現れる世界をいう。『純粋理性批判』では「感性界」とも呼ばれている。

悟性

概念を通じて判断・思考する能力のこと。英語では「understanding」。ギリシア語の「ヌース」、ラテン語の「インテレクトゥス」を語源とするが、ヌースやインテレクトゥスが直観的な知性を意味するのに対して、近世以降は、物事のあり方を理解する心の能力という意味に重点が移っていった。カントの哲学では、感性によって得られた素材を、数量や因果関係といった概念にもとづき判断し理解する力をいう。一方、悟性を通じて理解された内容を、論理的な思考によって推論していく働きが理性の領分となる。

純粋統覚（根源的統覚）

感性と悟性を通じて与えられたさまざまな認識の素材をまとめあげる「私は考える」という自己意識のこと。「根源的統覚」とも呼ばれる。カントに先行するライプニッツは、知覚に伴って知覚の働き自体に気づく意識のあり方を「統覚」と呼んだ。ライプニッツの統覚が経験的な働きであるのに対して、『純粋理性批判』では、感性や悟性の形式と同様、経験を可能にするア・プリオリな働きとして統覚を捉えている。

主客一致の問題

主観（私が認識している世界）と客観（客観的な世界）の一致をどのように説明できるか、という哲学的な問題。私の心（主観）に現れる事物が、事物そのものの姿と一致しているかどうかは自明ではない。しかし両者が一致しなければ、人間の認識（主観）にもとづいて成立する自然科学の客観性は疑わしいものとなってしまう。デカルト、スピノザ、ライプニッツに代表される大陸合理論では、両者の一致は神の存在によって保証された。他方、イギリス経験論の到達点とされるヒュームは、神ありきの大陸合理論を独断論と批判し、事物の客観性は経験の反復によって蓋然的に成立しているものにすぎないと考えた。だが、それでは自然科学の知識は蓋然的なものにとどまってしまう。カントの『純粋理性批判』は、この両者が抱える難点を乗り越える考え方を提出した。

純粋概念

人間にア・プリオリに（経験に先立って）備わっている概念のこと。カントによれば、悟性の備える「原因と結果」「実体と属性」などの概念は、経験に先立って人間に備わっている純粋概念とされる。逆にいえば、こうした純粋概念が人間に備わっていなければ、人間の認識は未整理で混沌としたものになってしまう。自然科学のように、人間に共通の客観的な認識が成立するためには、純粋概念が人間に備わっていなければならない。

超越論的

カントは、経験を可能にする条件を吟味することを「超越論的」と呼び、経験可能な領域の外部に超え出ていることを意味する「超越的」と区別した。たとえば、神を認識できるかどうかは、超越的な認識の問いであって、超越論的ではない。経験を可能にする感性や悟性、統覚の働きを吟味することが、カントのいう超越論的な哲学の探求である。

道徳法則

万人に対して、いつどのような場合の行動にも無条件に適用される普遍的な法則のこと。カントは、『道徳形而上学原論』や『実践理性批判』のなかで、理性を認識にかかわる理論理性と、意志にかかわる実践理性とに区分する。そして、実践理性は道徳法則を立て、私たちの意志にそれに従って行動するように命じる。道徳法則は、具体的な状況とかかわりなく、どんなときも例外なく成り立つ普遍性がなければならない。カントによれば、このような道徳法則にみずから従うことが自由とされる。

分析判断と総合判断

カントが『純粋理性批判』序論第四節で設定した判断区分。一般に、最も単純な判断は「SはPである」という形式で表現される。カントは、この判断を分析判断と総合判断に分けて論じている。分析判断とは、「日本人は人間である」のように、S（主語）のなかにP（述語）の概念が含まれている判断のことをいう。それに対して総合判断は、「富士山は標高三七七六メートルである」のように、Sに含まれていない新しい情報がP（述語）に加えられる判断をいう。

物心問題

物体と精神（心）の関係をどう考えるか、という哲学上の問題。物心問題は、デカルトの物心二元論（心身二元論）に端を発する。デカルトは、物体と精神はそれぞれ別の実体であると考え、人間の身体もまた物体にすぎないと考えた。以後、自然法則に従う物体（身体）と、思考を本質とする精神とがどのように関係しているのかが哲学上の大きな問題となった。二元論のほか、精神も物質に還元できるとする唯物論（物的一元論）、本質的な実体は心だけであり、事物の存在は心の働きによって生み出されると考える唯心論などの立場がある。カントの『純粋理性批判』では、人間は何を知ることができるのか、という認識能力の問題から物心問題を追求している。

物自体

カントは、主観に現れる現象としての物ではなく、主観とは独立にそれ自体として存在すると考えられる物を「物自体」と呼んだ。私たちの主観の働きは、物自体を思考することはできても、決して認識することはできない。カントは、魂や自由、神の存在も物自体の領域に属し、理性では解決不能な問題であると考え、物自体の認識を証明しようとする従来の形而上学を批判した。

理性

論理に従って推論する能力。ギリシア語の「ロゴス」、ラテン語の「ラチオ」に由来する。アリストテレスは人間を「理性的動物」と定義し、事物の本質を論理的に把握する理性は、人間すべてに共通した普遍的な思考能力と考えられた。カントの『純粋理性批判』という書名には、理性の能力を吟味し、その限界を画定することが含意されている。

読書案内

◉カントの著作

『純粋理性批判』には多くの翻訳がありますが、以下のものは、原佑さんの訳書を、フッサール、ハイデガーの研究者として知られる渡邊二郎さんがカント研究者とともに再検討して改訂したもので、信頼できる訳文となっています。訳語も標準的です。

カント『純粋理性批判』原佑訳、上・中・下、平凡社ライブラリー、二〇〇五年

訳文を読みやすく工夫し、さらに詳しい訳者解説をつけたものとしては、以下があります。ただし、悟性を「知性」、統覚を「自己統合の意識」とするなど、独自の訳語になっている場合があります。

カント『純粋理性批判』中山元訳、1～7巻、光文社古典新訳文庫、二〇一〇～一二年

カントに挑戦してみたい人は、『純粋理性批判』をいきなり読むのではなく、まず『プロレゴーメナ』を読んでみるのもいいと思います。これはカントが『純粋理性批判』

を書いた後にその内容をみずから要約したもので、ずいぶん短く、わかりやすくなっています。以下の本には、『道徳形而上学の基礎づけ』（「人倫の形而上学の基礎づけ」となっていますが同じです）も入っていてお得です。

カント『プロレゴーメナ・人倫の形而上学の基礎づけ』土岐邦夫ほか訳、中公クラシックス、二〇〇五年

カントの道徳論は『道徳形而上学の基礎づけ』と『実践理性批判』の二つが代表的ですが、『基礎づけ』には、先ほどの中公クラシックス版の他に、最新のカント研究をふまえた新訳として以下のものがあります。訳語、訳文とも訳者の工夫が感じられます。

カント『道徳形而上学の基礎づけ』御子柴善之訳、人文書院、二〇二二年

『実践理性批判』の訳もいくつかありますが、以下のものが訳文が素直で私には読みやすく感じられます。

カント『実践理性批判』波多野精一ほか訳、岩波文庫、一九七九年

◉参考書

『純粋理性批判』の解説書はいろいろありますが、全体の筋道をたどるには、以下を推薦します。

竹田青嗣『超解読！　はじめてのカント「純粋理性批判」』、講談社現代新書、二〇一〇年

次の二つの本は、どちらもカントの文章からある部分を切り出して、それをていねいに解読する仕方で進めていますから、筆者の御子柴さんのゼミに出席しているような気持ちで深く理解していくことができます。

御子柴善之『カント哲学の核心――「プロレゴーメナ」から読み解く』ＮＨＫブックス、二〇一八年

御子柴善之『シリーズ世界の思想　カント　純粋理性批判』角川選書、二〇二〇年

◉そのほか参考になるもの

特別章で取り上げたヘーゲル哲学に関心をもたれた方がおられたら、次を読んでみて

ください。若きヘーゲルの思想の苦闘と『精神の現象学』『法の哲学』を中心に、ヘーゲル哲学を「自由」の哲学として読み解きます。

西研『ヘーゲル　自由と普遍性の哲学』河出文庫、二〇二三年

社会構築主義については、次の本が広く読まれています。

ケネス・J・ガーゲン『あなたへの社会構成主義』東村知子訳、ナカニシヤ出版、二〇〇四年

ウェーバーの次の本は、カントの道徳論を社会政策に応用しようとしたものとして、非常に優れています。

ヴェーバー『社会科学と社会政策にかかわる認識の「客観性」』富永祐治ほか訳、折原浩補訳、岩波文庫、一九九八年

カントの流れを汲むフッサール現象学については、まず以下の二冊を挙げておきます。前者は現象学的な哲学対話の一例として「正義とは何か」を、後者では「嫉妬とは

何か」を取り上げています。

西研『哲学は対話する　プラトン、フッサールの〈共通了解をつくる方法〉』筑摩選書、二〇一九年

竹田青嗣・西研編『現象学とは何か　哲学と学問を刷新する』河出書房新社、二〇二〇年

次のものは、現在は入手が難しいと思いますが、「フッサール現象学とは何か」についてかなりつっこんで考えたものです。その第7章では、〈社会〉が意識主観にとってどのような意味をもっているか、を論じています。

西研『哲学的思考――フッサール現象学の核心』ちくま学芸文庫、二〇〇五年

あとがき

カント『純粋理性批判』がEテレ「100分de名著」で放送されたのは二〇二〇年、コロナで撮影中止になったりしながら、なんとか番組をつくり上げたという印象があります。

その年のはじめのころから、プロデューサーの秋満吉彦さん（NHKエデュケーショナル）、制作の加藤寛子さん（テレコムスタッフ）たちと何度も集まりをもって各回の内容をつくっていったのですが、そこは難解で知られる『純粋理性批判』、その内容を理解してもらうのはかなり大変でした。スタッフのなかでは、「100分de名著史上、最難！」と言われていたらしいです（笑）。

しかし台本を作成してくださった加藤さんは、粘り強く何度も私に確認の質問をしてくださって、その熱心さには心を動かされるものがありました。「100分de名著」に関わっていつも思うのですが、スタッフの熱意が素晴らしい。視聴者にとって、少しでもわかりやすく意義あるものにしたいという意欲が伝わってきて、私自身も元気になってくるのです。とくにこのカントは、心に残るものになりました。

ここからは個人的な話になります。ヘーゲルとフッサールが私の専門なのですが、カントは私の守備範囲からはいささかずれています。ですから、秋満さんからこのお話があったときには「どうしようかなあ」とためらいながら、「でも、カントと出会い直すチャンスかもしれない」と思ってお引き受けしました。お話をいただいた二〇一九年からあらためて『純粋理性批判』を読み直したのですが、やはりカントはなかなかの難物でした。

しかし、カントからフッサールがどうつながっているのかがハッキリと見えてきたことは、とても大きな収穫でした。今回テキストを「ブックス」にするにあたって、そのことを柱にして「ブックス特別章」を書きおろしてみました。〈多様な価値観を認め合いながら、同時に「共有されうること」や「共有しなくてはならないこと」を互いに確かめ創りだしていく〉。そういう姿勢のルーツをカントに見いだす、という趣旨のものです。番組のテキストをすでにお読みになった方も、この特別章を読んでいただければ幸いです。

今回「ブックス」にするにあたって、よりわかりやすくなるようにテキスト部分にもかなり手をいれました。編集の粕谷昭大さんにはお手数をおかけしました。粕谷さんをはじめ、テキスト制作に関わってくれた方々にお礼をいいたいと思います。

二〇二三年七月

西　研

本書は、「NHK100分de名著」において、2020年6月に放送された「純粋理性批判」のテキストを底本として加筆・修正し、新たにブックス特別章「なぜ認識論は必要なのか?」、読書案内などを収載したものです。

装丁・本文デザイン/菊地信義+水戸部 功
編集協力/大旗規子、鈴木由香、斎藤哲也、北崎隆雄、福田光一、小坂克枝
図版作成/小林惑名
イラスト/横川 功
本文組版/荒重夫
協力/NHKエデュケーショナル

西 研（にし・けん）

1957年鹿児島県生まれ。哲学者。東京大学教養学部卒業後、同大学院総合文化研究科修士課程修了。京都精華大学助教授、東京医科大学教授などを歴任。おもな著書に『哲学は対話する』（筑摩選書）、『学びのきほん しあわせの哲学』（NHK 出版）、『集中講義 これが哲学！』『ヘーゲル自由と普遍性の哲学』（いずれも河出文庫）、『よみがえれ、哲学』（共著、NHKブックス）、『超解読！ はじめてのヘーゲル『精神現象学』』（共著、講談社現代新書）など多数。

NHK「100分de名著」ブックス
カント 純粋理性批判
～答えの出ない問いはどのように問われるべきか？

2023年8月25日　第1刷発行
2024年9月15日　第4刷発行

著者――――西 研

発行者―――松本浩司

発行所―――NHK出版
〒150-0042　東京都渋谷区宇田川町10-3
電話　0570-009-321（問い合わせ）　0570-000-321（注文）
ホームページ　https://www.nhk-book.co.jp

印刷・製本―広済堂ネクスト

Printed in Japan　ISBN978-4-14-081943-2　C0010

NHK「100分de名著」ブックス